教育部人文社会科学研究青年基金项目：
进退两难？子公司主导行为对其自主权的影响（17YJC630158）研究成果

基于注意力理论的母子公司关系与子公司创业行为研究

Study on the Relationship of Parent-Subsidiary and Subsidiary Entrepreneurship:An Attention Based View

王宁 著

经济管理出版社
ECONOMY & MANAGEMENT PUBLISHING HOUSE

图书在版编目（CIP）数据

基于注意力理论的母子公司关系与子公司创业行为研究/王宁著．—北京：经济管理出版社，2020.8

ISBN 978－7－5096－7315－7

Ⅰ.①基… Ⅱ.①王… Ⅲ.①母子公司—企业管理—研究 Ⅳ.①F276.6

中国版本图书馆 CIP 数据核字(2020)第 139203 号

组稿编辑：梁植睿
责任编辑：梁植睿
责任印制：任爱清
责任校对：陈晓霞

出版发行：经济管理出版社
（北京市海淀区北蜂窝 8 号中雅大厦 A 座 11 层　100038）
网　　址：www.E－mp.com.cn
电　　话：（010）51915602
印　　刷：北京玺诚印务有限公司
经　　销：新华书店
开　　本：720mm×1000mm/16
印　　张：11.25
字　　数：189 千字
版　　次：2020 年 8 月第 1 版　　2020 年 8 月第 1 次印刷
书　　号：ISBN 978－7－5096－7315－7
定　　价：68.00 元

联系地址：北京阜外月坛北小街 2 号
电话：（010）68022974　　邮编：100836

前 言

子公司创业是大型母子公司制企业转型与发展的重要路径。然而子公司创业的相关研究却远远落后于实践的发展。子公司创业与单体企业相比，最大的特点在于其双重网络嵌入的特点，即子公司同时嵌入在母子公司网络与子公司当地商业网络中，这种嵌入性是子公司最重要的创业情境。母公司凭借其控制权在网络中拥有其他子公司都无法比拟的优越感，掌握着大量的优质资源，能够对子公司创业施以重要影响。因此，厘清母子公司关系对子公司创业行为的影响机制，将会有助于子公司改善母子公司关系、获取创业资源，进而推动创业，最终有利于提升企业整体竞争力。

“母子公司关系嵌入性—子公司资源获取—子公司创业”是本书的基本逻辑。围绕研究主题，本书首先对子公司网络嵌入性、子公司创业行为与资源获取等方面的相关研究进行了回顾与分析，总结出现有研究成果对本书的借鉴意义，并就现有研究的不足之处进行讨论，以便进行补充和发展。注意力资源与注意力基础理论引发对资源与资源获取的深刻理解，有助于解释子公司创业过程中的“黑箱”。因此，本书对注意力资源的作用方式、配置原则及其在子公司创业中的影响过程也进行了理论分析。结合国内外文献，本书把母子公司关系嵌入划分为母公司的信任、沟通的紧密性与共享机制三个维度；将子公司创业分为以渐进的、温和的改造与升级为特点的内部创业和以激进的、剧烈的开拓与突破为特点的外部创业两个维度。受注意力基础观的启发，本书把资源分为常规资源与注意力资源。常规资源包括人力、财物、技术、知识、市场等客观资源；注意力资源则是指母公司对子公司的积极关注，是母公司独有的稀缺的主观资源。相应地，子公司资源获取这一变量的两个维度为注意力资源获取与常规资源获取。在此基础上进行理论演绎，本书剖析了母子公司关系嵌入性、子公司资源获取与子公司创业行为之间的关系，提出研究假设，得到了母子公司关系嵌入性对子公司创业影响机制的理论模型，即母子公司关系嵌入性通过子公司资源获取机制影响子公司创业行为。随后采用大样本问卷调查的方法对该模型进行了验证，得到以下主要结论：

（1）母子公司关系嵌入性能推动子公司注意力资源获取，但各维度对常规资源获取的影响存在差异。采用结构方程模型对本书的理论模型进行验证，母子公司关系嵌入性各维度与注意力资源获取间的路径系数均为正向显著。但三个维度中只有母公司信任对常规资源获取表现出显著的正向影响。共享机制尽管也表现出了对常规资源获取的积极作用，但却不显著。而关系紧密性不但不能帮助子公司获取资源，甚至可能产生阻碍作用。

（2）子公司资源获取对子公司创业行为总体呈积极影响。注意力资源获取对子公司创业行为有显著的促进作用，常规资源获取对子公司外部创业行为也呈显著的促进作用，但常规资源获取对子公司内部创业行为的促进作用却不明显。

（3）注意力资源获取能显著促进常规资源获取，子公司资源获取在母子公司关系嵌入性与子公司创业行为间呈现多重中介作用。多重中介指的是注意力资源获取与常规资源获取同时担任中介变量，且两者间存在作用关系，即构成多重中介作用。母子公司关系嵌入性在子公司注意力资源获取与常规资源获取的共同中介下，对子公司创业行为产生积极影响。由多重中介模型衍生出母公司注意力资源获取在母子公司关系嵌入性与常规资源获取间的中介作用，常规资源获取在母公司注意力资源获取与子公司创业行为间的中介作用也在书中进行了验证。

本书的主要贡献体现在以下三个方面：

（1）构建并验证了母子公司关系嵌入性、子公司资源获取与子公司创业行为的关系模型。紧紧抓住子公司创业与单体企业创业的情境差异，以母子公司关系嵌入性为切入点，解析子公司创业行为的发生机理，并依据我国子公司创业行为进行量表的开发与修正，获得 270 家子公司的创业实践数据，进行规范的实证研究，并取得科学结论，是对母子公司关系、子公司网络嵌入性、子公司创业等相关研究的深入拓展。对子公司创业行为的研究反映了母子公司关系研究的进展。从对母公司管控权的重视到对子公司主导发展的关注，理论研究的演进符合母子公司制企业发展的规律。

（2）引入母公司注意力资源的概念。获取母公司关注是子公司获取资源的筹码，而拥有资源是创业行为发生的前提。注意力基础理论解释了从个体认知到企业行为间的社会机制。引入“母公司注意力”这一概念，验证了母公司注意力获取对子公司常规资源获取的促进作用以及注意力资源获取在母子公司关系嵌入性与常规资源获取间的积极中介作用，揭示子公司的资源获取过程。注意力观点与传统战略管理研究的结合既有其合理性，又有一定的创新性。

（3）验证子公司资源获取的多重中介效应。随着学科间的交叉越来越广泛，研究情境也越来越复杂，经常需要多个中介变量才能更清楚地解释自变量对因变量的效应，才能更真实地反映客观情况。目前学界对多重中介模型的应用与检验研究都还有待发展。采用结构方程模型结合 Bootstrap 方法进行多重中介分析，同时分析多个自变量、多个因变量和多个中介变量的关系，是有创新意义的探索。

目　录

第1章　绪论

1.1　研究背景与意义

1.1.1　研究背景

近年来，“创业”一词越来越频繁地出现在公众的视野当中，越来越多的人踏上了创业的道路，“创业”已然成为推动我国经济增长的重要力量。彼得·德鲁克先生早在1958年就提出了“创业型经济”的概念，认为创业型企业将成为国民经济的主宰。创业型企业不但指“新创业”企业，也包括那些“再创业”的已建企业。学术界在20世纪70年代中后期开始关注创业行为，并于20世纪80年代逐步将研究转向已建企业（Estamblished Company）的创业行为，即“公司创业”行为。就其实质而言，公司创业（Corporate Entrepreneurship）指的是已建企业通过在企业内部进行创新与变革，实现价值增值、巩固或加强其竞争优势的行为（Zahra，1991；薛红志、张玉利，2003）。随着全球经济与技术的发展，企业面临的环境日益复杂，变化日益频繁，企业产品与技术的生命周期大大缩短，市场竞争越来越激烈，企业唯有通过对战略、技术、组织与制度等的不断革新才能实现企业的可持续发展。

1.1.1.1　子公司创业是经济新常态下大企业（集团）转型发展的必然途径

后金融危机时代，全球经济进入深度调整时期，我国企业也受到巨大影响。

党的十八届三中全会对全面深化改革作出了重要部署和安排，为大型企业（集团）的转型与发展创造了良好的历史机遇。2014 年 5 月，新华社稿件中第一次出现了“新常态”的描述。接着《人民日报》在题为《经济发展迈入新阶段》的评论员文章中，更将“中高速、优结构、新动力、多挑战”视作新常态下的主要特征①，认为中国经济面临多种挑战，要努力保持中高速而不是高速增长，产业结构要逐渐优化，改革要素投入驱动为创新驱动，并鼓励各级政府与企业要尽快适应经济“新常态”。

经济新常态下，我国企业面临着经济增速放缓、产业结构亟待调整的巨大挑战，具体表现为以下两点。第一，经济增速放缓导致大企业市场需求减少，利润下滑。第二，在多变的经济环境中，大型企业的适应与调整能力偏弱。② 一方面，大企业通常规模较大，涉及多个产业领域和地理区域，网络体系庞大，决策程序复杂，因而常常导致其在应对市场变化时缺乏灵活性。另一方面，大企业总部出于对控制权的保护，对内部资源管控严格，下属子公司、分公司、事业部等单位自主决策权小，无法及时应对竞争变化。面对不可逆转的全球化趋势和新技术革命，我国企业必须努力加大创新与研发的投入力度，努力实现产业升级与转型。

作为转型发展的经济主体，中国的大企业，特别是企业集团，多数都以母子公司的形式存在。“子公司（Subsidiary）”是相对于母公司而言的法人企业，子公司的原始资本至少部分来自于母公司的投资③，母公司因其出资者地位享有对子公司的监控权。数量众多的子公司的创业行为将为大企业（集团）带来多样的活力与生机。子公司创业指的是由子公司发起的前瞻性的、自主的创业活动，能够为整个集团创造价值，是公司创业精神的主要表现（Birkinshaw，1997）。子公司作为集团向外扩张的结点，同时嵌入在集团内部网络与集团外部商业网络中（Andersson & Forsgren，2007），既具备吸收外部知识的开放性，又有利用内部资

---

① 本报评论员．经济发展迈入新阶段［N］．人民日报，2014－08－07（01）．

② 中国企业联合会，中国企业家协会课题组．2013 中国企业 500 强发展报告（摘要）［J］．企业管理，2013（9）：6－11.

③ 陈志军．母子公司管理控制研究［M］．北京：经济科学出版社，2006.

源的便利性，同时还具备自主决策的可能性，有着天然的创业优势。① 子公司创业对于整体企业的贡献主要表现为：促进企业创新、提高母子公司内部整合效率、提升对地区市场的响应速度（Bartlett & Ghoshal，1998；Birkinshaw，1998）。首先，子公司针对集团内部市场的创业行为有助于提高集团整体营运效率。其次，子公司针对外部市场的创业行为有利于响应需求、应对竞争。最后，子公司创业过程本身就是一个创新过程，其成果在集团内部的共享与转移可以推进集团创新。因此，子公司创业对于大企业的转型发展是极为重要的，有必要对子公司创业行为进行深入研究。

1.1.1.2 子公司创业研究开始受到关注，但存在很大进步空间

现有的公司创业研究主要关注三个领域：创业者或创业团队、创业机会和创业组织方式。其中创业者或创业团队的研究较为丰富，创业机会和创业组织方式的研究都相对欠缺。② 在关于创业组织方式的研究中，跨国公司、企业集团等大企业的创业问题是非常值得探讨的部分（薛红志、张玉利，2003）。但是，因为大企业往往规模庞大，内部网络关系复杂，所以对此类企业的公司创业行为的研究还要从其数量众多的子公司开始。子公司创业的研究越来越重要，但现有研究多集中于欧美跨国企业中的海外子公司创业（Andersson & Forsgren，2002）。然而，中国企业的创业活动有别于西方情境（张玉利等，2012），因为我国制度转型引发的环境变化可能创造出不同以往的创业机会，并带来前所未有的创业压力。③ 目前国内仅有王世权等（2012），武立东、黄海昕（2010），徐梅鑫（2012），汪建康（2007）等少数学者关注到我国母子公司制企业中的子公司创业行为。但由于研究的出发点与侧重点各异，该领域的研究尚呈“星星之火”的状态。

1.1.1.3 子公司内部嵌入性的研究有待深入

子公司同时嵌入在当地商业网络与母子公司网络内，这是子公司与单体企业

---

① Birkinshaw, J.. Corporate Entrepreneurship in Network Organizations: How Subsidiary Initiative Drives Internal Market Efficiency [J]. European Management Journal, 1998 (16): 355－364.

② 张玉利，杨俊，戴燕丽．中国情境下的创业研究现状探析与未来研究建议［J］．外国经济与管理，2012，34（1）：1－10.

③ 薛红志，张玉利．公司创业研究评述——国外创业研究新进展［J］．外国经济与管理，2003，25（11）：7－11.

相比最大的情境特点。有学者指出基于网络嵌入视角对已建企业的创业研究还很匮乏（Antoncic & Hisrich，2003），针对子公司创业的嵌入视角下的研究更是少之又少。回顾过去嵌入视角的创业研究发现，只有少数研究关注到子公司的网络化能力（Ghoshal & Bartlett，1990）、子公司的社会网络及子公司的网络嵌入对资源获取及组织学习的影响（Andersson & Forsgren，2000）。这些研究中涉及的网络多是指子公司与东道国网络的嵌入，子公司在大企业（集团）内部的网络嵌入鲜有论证（王世权等，2012）。目前对子公司内部嵌入性的研究主要集中于对结果的讨论，即内部嵌入性会对子公司产生怎样的影响①，对于内部嵌入性发挥作用的过程、影响内部嵌入性的因素以及内部嵌入性的维度测量等问题的研究有待加强②。

国内学者对子公司内部嵌入性与公司创业行为的关系研究主要出现在最近十年。如武立东和黄海昕（2010）对海信集团子公司创业及其内部嵌入性进行了探索性研究，从母子公司关系和子子公司关系两方面分析了子公司在集团内部的嵌入性。王世权等（2012）在他们的研究基础上对子公司的内部网络嵌入性、联合价值创造及子公司自主权等变量的关系进行了探讨。张慧（2007）以跨国公司子公司为研究对象，分别讨论了母子公司关系、子子公司关系及子公司与外部网络的关系等多种关系对子公司创业行为的影响。罗宣（2007）也从子公司角度分析了网络嵌入性对子公司成长性的影响。这些研究虽然都以子公司的网络嵌入性为出发点展开研究，但是有的关注母子公司网络，有的关注子公司间网络，有的甚至还关注子公司的外部利益相关者网络。由于研究者们把子公司所参加的多层次、多重关系的网络同时加以考虑，就涉及各种网络结构特性的相对作用（王凤彬、李奇会，2007），使研究变得非常复杂，也难以深入展现某一种网络关系带来的影响。

母公司对子公司拥有控制权，子公司嵌入在母子公司关系网络当中，子公司的行为不能像单体企业那样自由，在子公司进行创业活动时，来自母公司的影响必然会是一个重要的作用因素。基于社会网络理论，母子公司可以看作一种网络

---

① Yamin，M.，Andersson，U.. Subsidiary Importance in the MNC：What Role Does Internal Embeddedness Play?［J］. International Business Review，2011（20）：151－162.

② Birkinshaw，J.，Hood，N.，Young，S.. Subsidiary Entrepreneurship，Internal and External Competitive Forces，and Subsidiary Performance［J］. International Business Review，2005（14）：227－248.

联结，是嵌入在母子公司关系中的一种协调合作网络。这种“嵌入性”具体就是指母子公司双方关系以及整个母子公司网络会影响网络结构内任一单位的经济行动。[①] 母公司凭借其控制权在网络中拥有其他子公司都无法比拟的优越感，能够对子公司们施以重要影响，并且母公司和某一子公司的特定关系相对稳定，便于测量，相对容易获得母公司施加影响力的线索与效果。因此，本书把母子公司关系嵌入性看作子公司创业行为重要的情境要素，有必要进行深入研究。

1.1.1.4 注意力基础观为理解资源获取过程提供了新思路

创业行为需要完成两项基本任务：一是识别有潜力的机会；二是调动资源以利用机会。这些资源不仅包括人力、财务等有形资源，也包括知识、技术、管理制度等无形资源，应该通过接近各种资源提供者并保持良好的关系来获取（李东升等，2020；Monteiro & Birkinshaw，2015）。在相关研究中，“资源获取”往往用资源获取的成果来反映，也就是获取到了哪些资源。但子公司的资源获取过程并不明确。注意力基础观从社会心理学、认知科学的视角为我们提供了了解子公司资源获取过程的新思路。随着企业规模的壮大，母公司的“有限理性”[②] 决定了母公司注意力也是一种稀缺资源。母公司注意力的配置方式决定了子公司资源获取的方向、结构、速率。[③] 因此，基于注意力基础观的视角重新审视子公司的资源获取过程，既是理论研究的需要，也是子公司赢得母公司关注获取创业资源的现实需要。

1.1.2 研究意义

1.1.2.1 理论意义

第一，子公司创业研究是对公司创业研究的完善与补充。

公司创业研究主要关注新创企业的创业问题。近些年，虽然研究者已经把研究领域拓展到成熟（已建）企业，但是对于母子公司这类多单元组织的创业问题进行的研究还远远不够。与单体企业相比，子公司的网络嵌入特征是影响子公

① 武立东，黄海昕．企业集团子公司主导行为及其网络嵌入研究［J］．南开管理评论，2010，13（6）：125－137.

② Bouquet，C.，Birkinshaw，J.．The Dynamics of Attention Markets in Multinational Enterprises［J］．Advances in International Management，2009（22）：27－54.

③ 汪丁丁．“注意力”的经济学描述［J］．经济研究，2000（10）：67－72.

司创业行为的最主要因素。特别是子公司在集团内部网络的嵌入性，为子公司创业提供丰富资源的同时也带来了一些约束，主要表现为母公司基于控制权保护的管理与控制行为。因此，来自母公司的影响是研究子公司创业行为时必须要考虑的因素。将子公司创业问题纳入母子公司关系框架中，可以加深人们对社会结构与关系如何影响组织行为的理解（王世权等，2012），具有一定的理论意义。

第二，内部嵌入视角的母子公司关系研究是对现有母子公司关系研究的发展。

母子公司相关研究多关注母子公司间的知识管理与创新、母子公司管控与协同、内部资本市场和公司治理机制（徐鹏、陈欣和白贵玉，2014），其背后的理论依据也多来自于委托-代理理论、资源基础理论、交易成本理论、战略管理理论及内部控制理论等传统企业理论。他们虽然为研究母子公司关系问题提供了有效分析范式，但却忽略了社会关系及社会结构可能产生的重要作用（刘丹，2017）。而以 Granovetter（1973，1985）为代表的“新经济社会学”认为，运用网络分析方法解析经济活动中的社会嵌入及行为主体间的联系问题，为母子公司关系研究开辟了新的视角。子公司的网络嵌入性是子公司区别于单体企业的最大特点，但目前关于子公司在母子公司网络内部嵌入性的研究还不多。Schmid 和 Schurig（2003）指出母子公司关系是子公司内部嵌入性的核心，会对子公司核心能力的培育与发展产生重要的影响。而现有研究多是把母子公司网络嵌入与子子公司网络嵌入两个维度同时纳入子公司内部嵌入性的研究中，这样就会涉及各种网络间的相互作用问题，使研究变得非常复杂，也难以深入展现某一种网络关系带来的影响。即使在母子公司网络内，存在结构嵌入与关系嵌入两个方面。结构嵌入往往与持股比例、子公司的核心业务等先天客观条件高度相关，子公司即便努力也很难改变。但关系嵌入则不同，子公司可以主动、积极与母公司互动来增进母子公司关系，以期获得母公司的青睐并最终改善其结构嵌入性。因此，本书基于子公司视角，将母子公司关系嵌入性作为研究子公司创业行为的切入点，突出了子公司在母子公司关系管理中的主动性，是对现有以母公司为主体的母子公司关系研究的发展。

第三，引入“母公司注意力资源”的概念是对资源获取过程的再认识。

尽管早在半个世纪以前，母公司的注意力就被认为是一种稀缺且重要的资源（Cyert & March，1963），但是对于子公司如何赢得关注的研究却很少见。后来，

Bouquet 和 Levy（2009）等学者指出跨国公司高度的地域分散性和文化差异性使母公司难以将注意力分配给所有的子公司。因此，子公司有必要积极争取母公司的关注，以获取母公司的支持，才能获得机会和条件来发展自己（Bouquet & Birkinshaw，2008a）。从这些论述中可见，母公司的注意力本身既是一种稀缺资源，又是能够引导母公司资源配置的手段。子公司获得母公司关注的程度会影响子公司从母公司处获取资源的状况（Bouquet & Birkinshaw，2008a），而资源的数量与质量直接会对子公司创业行为产生影响。这样就把母公司注意力资源引入母子公司关系与子公司创业问题的理论框架中，实现了组织理论、社会学理论、公司创业理论与认知科学的融合。

1.1.2.2 现实意义

第一，为母子公司型企业改革与发展指明方向：子公司创业。

在经济新常态下，我国政府对经济增长的质量和效益高度重视，并大力推进我国经济的转型与调整。在转型经济时代，科技与知识进步迅速，“大鱼吃小鱼”的规模优势逐渐被“快鱼吃慢鱼”的速度优势所取代，大企业（集团）的再创业是其生存与发展的需要。而子公司的创业行为将是决定集团创业活力的关键。因为子公司站在市场的前沿，承担着应对市场竞争的使命，有创业与变革的客观压力。子公司比母公司更接近市场、更了解市场，更有可能做出应对竞争的正确行动。子公司作为独立的法人实体，有自我创业与发展的诉求，子公司创业的成果可能会成为母公司未来的核心竞争力（Rugman & Verbeke，2001）。因此，加强对子公司创业问题的研究，是大型企业集团改革与发展的现实需要。

第二，为子公司争取母公司的创业资源提供指导：管理与改善母子公司关系。

本书立足于子公司视角，构建了母子公司关系嵌入性影响子公司创业行为的理论框架，并论证了母子公司关系帮助子公司获取创业资源的可能性与可行性。基于关系的互动性，子公司可主动对母子公司关系进行经营与管理。具体而言，子公司要努力争取在集团网络中占据重要位置，并主动加强与母公司的沟通与联络，积极增进母子公司间的信任水平，与母公司建立基本一致的、共享的价值观念。这些举措将促进母子公司关系的健康发展，使子公司更容易获得母公司关注，获得创业所需的各项资源。本书为子公司管理母子公司关系提供了具体的操作框架，有现实指导意义。

第三，为母公司管理与引导子公司创业出谋划策：注意力配置策略。

本书引入母公司注意力资源的概念，并论证其可以作为母公司资源配置的控制机制。由于关注的目的是要配置资源，因此母公司注意力的分配要体现母公司的战略意图。母公司在分配其注意力时，既要考虑子公司在集团内的现有地位与作用，又要顾及子公司与母公司的社会关系，还应着眼于集团未来发展的大局，对有发展潜力的子公司给予适当关注。“母公司的注意力”是一种稀缺而重要的资源，本书的研究结论将为母公司如何分配其注意力以利于实现集团的长远目标提供借鉴。

1.2 相关概念界定

1.2.1 母子公司关系嵌入性

基于社会网络理论，母子公司可以看作一种网络联结，子公司表现出双重网络嵌入的特点，即子公司既嵌入在母子公司内部网络中，又同时嵌入在子公司所处的外部商业环境中。通常把前者称为子公司的内部嵌入性；后者则是子公司的外部嵌入性。具体而言，内部嵌入性是由母子公司共同构成的网络结构，包括母子公司联结与子子公司联结两种形式。外部嵌入性则是子公司在其经营地与当地的供应商、顾客、竞争者以及其他利益相关者共同组成的网络结构。国内外研究普遍认可将嵌入关系分为结构嵌入与关系嵌入（格兰诺维特，2015）两类。结构嵌入强调由网络位置决定的客观联系，关系嵌入则强调由积极互动形成的紧密的社会化联系。Uzzi（1997）认为，网络嵌入性研究应更多侧重社会因素[①]，这里的社会因素即是指关系嵌入。关系嵌入不像结构嵌入那样依靠先天的位置优势，而是更加侧重网络嵌入的内涵与质量，重视双方关系的紧密性与多样性，以及双

① Uzzi, B.. Social Structure and Competition in Interfirm Networks: The Paradox of Embeddedness [J]. Administrative Science Quarterly, 1997, 42 (1): 35 -67.

方在关系嵌入状态下表现出的行为模式。[①] 鉴于此，本书聚焦于母子公司关系嵌入性，将其定义为母子公司间的社会联系，重视关系质量、互动过程与持久性，并从信任、关系的紧密性与共享机制三个维度探讨母子公司关系，不讨论母子公司关系以外的子子公司关系或子公司与集团外部利益相关者的关系。在下文中，有时将其简称为关系嵌入性。

1.2.2 母公司注意力资源

西蒙（Simon，1947）最早提出了注意力的概念，将其定义为管理者选择性地关注某些信息而忽略其他部分的过程。Ocasio（1997）在西蒙思想的基础上提出了企业的注意力基础观，并认为决策者作出何种决策是由他们将注意力聚焦在何种问题上决定的。母公司的注意力则是母公司愿意主动给予子公司时间与精力来关注子公司的活动，以期待子公司能够为企业整体做出贡献。[②] 对于子公司来说，母公司注意力是稀缺而又重要的资源，具有以下三个特征：第一，母公司的注意力对于子公司而言是一种支持性资源，而非监督或控制资源。第二，母公司的注意力是一种相对性资源，每个子公司获取的注意力资源无法度量，但可以比较，具有相对大小。第三，母公司的注意力是一种可见性资源，能够从母公司行为中体现。例如，在企业的报告、会议中出现频次高的子公司即说明获得母公司的关注程度高（Bouquet & Birkinshaw，2009）。在下文中，母公司注意力资源获取简称为“注意力获取”，母公司注意力有时也根据情境采用“母公司关注”来表述。

1.2.3 子公司资源获取

在公司创业的主流研究框架中都指出，组织的资源和能力是影响创业的重要内部变量。资源获取过程指的是企业或者管理者通过各种方式获得所需的关键资源和重要资源的过程（马鸿佳、葛宝山和汤浩瀚，2008）。资源获取方式体现为外部获得资源和自身积累资源，其中外部获得资源包括购买资

---

① Gulati, R., Nohria, N. & Zaheer, A.. Strategic Networks [J]. Strategic Management Journal, 2000, 21 (3): 203-215.

② Bouquet, C., Birkinshaw, J.. The Dynamics of Attention Markets in Multinational Enterprises [J]. Advances in International Management, 2009 (22): 27-54.

源和吸引资源。吸引资源与购买资源相比，对创业企业的关系网络要求更高，对企业表现出的创业态度和企业形象也要求更高。相对来讲，吸引资源需要创业企业具备更强的进取精神和主动性（Brush，Greene，Hart & Haller，2001）。

本书将子公司资源获取界定为子公司吸引母公司资源的过程，指的是子公司从母公司处依靠非财务资源获得创业资源的过程。非财务资源在此特指母子公司关系资源，不包括子公司在母子公司网络结构中的位置资源。引入母公司注意力资源的概念后，根据获取资源的不同类型，本书把子公司的资源获取划分为母公司注意力资源获取与常规资源获取，传统的人力、财力、物力、信息、技术与知识、品牌、商誉等资源均属于常规资源的范畴。

1.2.4 子公司创业

早在20世纪80年代初就有学者认为在没有环境压力的情况下，子公司独立地、前瞻性地使用或拓展其资源来发展一项业务的过程即为创业行为①，反映了子公司成长的主动性。以Birkinshaw为代表的一批学者对跨国企业中子公司主导行为（Initiative）和子公司创业进行了一系列研究。子公司主导行为是由海外子公司发起的一种子公司创业活动，整个过程从识别创业机会开始，努力获得该机会所需的资源承诺或许可，进而实施。② 这个定义有两个重要的前提条件：一是强调子公司主导行为由子公司发起而非母公司；二是说明主导行为的目的是要使子公司承担更多国际责任，为母公司创造更大的价值。③ Williams（2006）④ 认为跨国公司创业与子公司创业是不同的，子公司创业是子公司的自主行为，表现出了子公司的主动性和冒险性，是子公司驱动的创新、新业务开拓和战略更新活

① Kanter，R. M.. The Middle Manager as Innovator ［J］. Harvard Business Review，1982（60）：95 - 105.

② Birkinshaw，J.. Entrepreneurship in Multinational Corporations：The Characteristics of Subsidiary Initiatives ［J］. Strategic Management Journal，1997（18）：207 - 229.

③ Birkinshaw，J.，Hood，N.，Jonsson，S.. Building Firm - specific Advantages in Multinational Corporations：The Role of Subsidiary Initiative ［J］. Strategic Management Journal，1998（19）：221 - 241.

④ Williams，C.. Political Heterarchy and Dispersed Entrepreneurship in the MNC ［Z］. AIB，Annual Meeting，http：//faculty. fuqua. duke. edu/ciber/Pdw. html，2006 - 06.

动，不是母公司对子公司的制度性规定诱发。①

结合上述两类观点，本书把子公司创业定义为：在没有环境压力的情况下，子公司为了促进自身和整体企业的发展，积极争取资源并主动发起的创新与变革及新业务开拓等活动，主要表现为子公司积极开发新知识、新技术、新资源或新市场等（武立东、黄海听，2010），这些活动表现出了子公司的主动性和一定的冒险性，并与整体企业的目标保持一致。子公司的网络嵌入特征表明子公司同时面对内外部两个市场，因此子公司创业行为依据面向的市场不同而对应分为子公司内部创业与外部创业。内部创业行为指的是子公司针对内部市场机会进行的改进与提高市场效率的创新行为，也被称为内部网络优化。外部创业行为指的是针对子公司在外部商业环境的市场机会，与当地顾客、供应商及其他利益相关者的互动，侧重于发展市场（Birkinshaw，1998）。

1.3 研究内容

本书紧紧围绕母子公司关系嵌入性、子公司资源获取与子公司创业行为三个多维变量间的关系展开，严格遵循科学的问题分析法构建模型并组织论述，采用严谨的问卷调查手段获取数据并选用适当的数理分析方法进行验证，力求研究结论有一定的科学性、严谨性与合理性。具体研究内容可以分为三个部分。

1.3.1 变量间关系模型的构建

首先，在文献收集与专家访谈的基础上，从理论与实践两个方面介绍本书的研究背景，凝练本书的研究意义，形成初步的研究问题，归纳研究思路与主要研究方法，论证研究的可行性。其次，梳理母子公司关系、子公司的网络嵌入性、子公司的资源与资源获取机制、注意力与注意力基础观、公司创业与子公司创业等与本书密切相关的国内外文献并进行分析评价，从文献综述中发掘本书的研究

① 李崴．母公司控制下的企业集团子公司网络效应研究［D］．哈尔滨：哈尔滨工业大学博士学位论文，2008.

价值与研究方向，进一步明确研究问题，并据此提出符合本书研究目的的相关概念与内涵，确定概念的构成维度。进而采用理论演绎的方法分别就母子公司关系嵌入性对子公司资源获取机制的影响、子公司资源获取机制对子公司创业行为的影响、母子公司关系嵌入性对子公司创业的影响等主要方面进行理论剖析，最终得到能够体现母子公司关系嵌入性、子公司资源获取与子公司创业行为三者关系的一个多重中介模型。多重中介模型（Multiple Mediation Models）指的是多个中介变量在自变量与因变量之间同时发挥作用的现象。本书中子公司资源获取作为母子公司关系嵌入性对子公司创业行为产生影响的中介变量存在，但子公司资源获取本身是由母公司注意力资源获取与常规资源获取两个子变量构成的多维变量，并且已有研究证实母公司注意力资源获取是常规资源获取的前提（Bouquet & Birkinshaw，2008a）。这两者的关系体现在本书构建的理论模型中，即构成了多重中介效应。

1.3.2 测量指标体系构建与问卷设计

良好的测量指标与问卷设计有助于学者获取更完全的信息和更准确的数据。本书在文献回顾基础上结合对子公司高层管理者的实地访谈及听取专家意见，界定各研究变量的操作性定义，提炼相关的测量指标，并尽量选用现有的成熟的测量条款，形成本书的初始测量量表。对于母公司注意力资源获取、子公司内部创业行为等尚无统一认识的变量，将结合文献与研究需要，进行量表开发或量表修订。由于本书涉及的关键变量的测量条款多源于国外文献，笔者采用中英文互译加专家修订的方式确定测量条款的恰当表述。为保证测量的一致性和稳定性，首先进行了小样本预试并据此调整问卷，最终形成正式的测量指标体系。

1.3.3 对多重中介模型的实证检验

样本的数量与质量决定了研究结论的可靠性。因此，除了广泛发放问卷，积极提高问卷回收率外，本书主要应用 SPSS 19.0 软件对样本数据进行描述性统计，应用探索性因子分析等方法对数据质量进行评估，为后续假设模型的检验做好准备工作。模型的验证主要借助 AMOS 20.0 实现。但是，AMOS 软件无法直接反映中介效应的显著性水平，本书将借助 Bootstrap 方法来测量多重中介效应。该方法采用有放回的重复抽样，对于样本数量要求不高，并且在中介效应分析中无需对数据的分布进行任何限制，可以得到不对称的置信区间，操作也并不复杂（方杰、张敏强，2013）。统计检验后将对研究结论进行分析并从理论与实践两个方面阐述研究结论的价值。最后，针对本书中研究不足与未来研究的方向提出合理建议。

1.4 研究思路与研究方法

1.4.1 研究思路

本书紧紧围绕“子公司创业”这一研究主题，结合我国企业的实际情况，分析母子公司关系嵌入性、子公司资源获取与子公司创业行为间的关系。特别引入了“母公司注意力资源获取”这一尚未被深入研究的概念，颠覆了对传统资源与资源获取的认识，将资源获取划分为注意力获取与常规资源获取两个维度。在广泛借鉴国内外相关研究的基础上，进一步分析上述变量间的关系，构建概念模型，并在专家访谈的基础上，对初始模型进行完善与优化。严格按照问卷调查研究方法的步骤，合理设计问卷，开展小规模预测试，根据预测试结果调整问卷，然后展开大规模调查收集有效数据。对研究数据采用信度效度检验、探索性因子分析、验证性因子分析、结构方程模型等统计分析方法，验证了理论模型和研究假设，得出科学合理的结论，并对少数未获得通过的研究假设进行了讨论。结合企业实践，从母公司的视角提出了管理子公司创业行为的合理化建议，从子公司的视角提出了经营母子公司关系、积极争取母公司关注等促进子公司创业的策略。本书最后总结了本书研究存在的局限与不足，并对未来研究方向做了适当论述。

1.4.2 研究方法

为了保证研究的科学性与合理性，本着科学合理、简单明义、逻辑清楚的原则，本书主要采用以下研究方法。

1.4.2.1 文献研究法

本书的理论基础主要来自于社会网络与社会嵌入理论、资源依赖理论、母子公司关系理论、公司创业理论。在充分研究国内外相关文献的基础上，界定母子公司关系嵌入性、子公司资源获取、子公司创业、母公司关注等概念。进一步地，结合企业实践与已有研究成果，按照严格的理论逻辑关系推演出各变量间关系，构建理论模型。

1.4.2.2 比较研究法

本书主要将比较研究法用于以下几个方面：第一，比较不同理论视角下对于本书问题及主要概念的不同认识，旨在保证研究问题的科学合理性以及主要概念的准确性。第二，比较研究不同的测量指标，以保证选取指标的适切性。第三，在分析研究结论时，通过比较他人的相关研究成果，论证本书结论的可靠性，发现研究不足。第四，比较研究海内外子公司的创业实践，结合研究结论，对转型中的中国子公司创业活动提供些许参考。

1.4.2.3 调查研究法

本书采用的调查研究方法主要是访谈法和问卷调查法。为了保证变量测量的准确性，在吸收现有成熟量表经验的同时，通过对企业家和相关领域专家进行访谈，根据研究目的进行量表的开发或完善。在此基础上，采用大样本问卷调查的方法，以子公司为调查对象，获得有效的研究数据。本书属于应用型研究，因而对学者和企业家的访谈贯穿于选题、定题、论题、解题的整个研究过程。

1.4.2.4 统计分析法

本书根据研究需要，主要应用 AMOS 20.0 与 SPSS 19.0 软件进行分析，应用的统计分析方法主要有：描述性统计分析、单素方差分析（Analysis of Variance，ANOVA）、验证性因子分析（Confirmatory Factor Analysis，CFA）和探索性因子分析（Exploratory Factor Analysis，EFA）以及结构方程建模（Structural Equation Modeling，SEM）、Bootstrap 方法等。

本书的研究思路与研究方法可用图 1.1 总结。

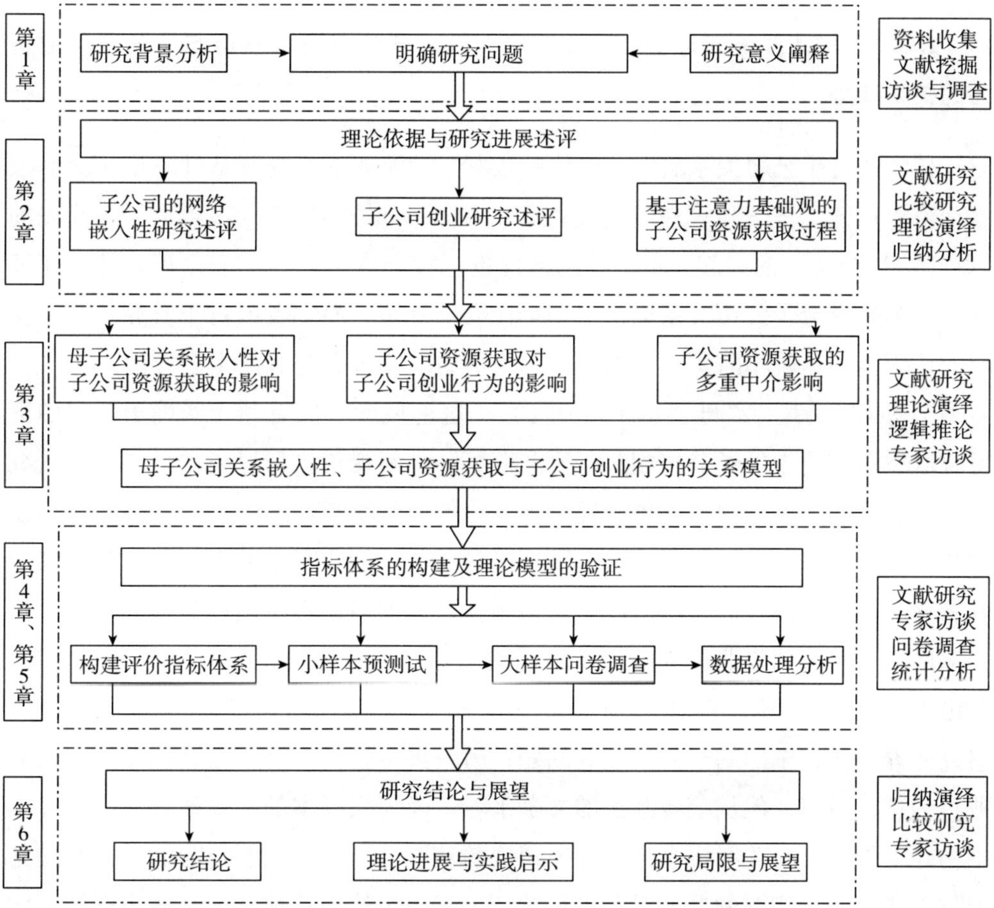

图1.1 本书研究思路、研究方法与结构安排

1.5 本书的创新点

本书的创新点有以下三个方面。

1.5.1 构建并验证母子公司关系嵌入性、子公司资源获取与子公司创业行为的关系模型

传统的母子公司关系研究，多依赖委托-代理理论、资源基础理论、交易成本理论等传统经济学与管理学路径。而以 Granovetter（1973，1985）等为代表的"新经济社会学"的兴起，推动了网络理论、社会资本理论、嵌入理论的快速发展，也为研究母子公司关系提供了一个社会学视角。而学者们对于资源及资源获取的认识范围尽管不断扩大，但是却忽略了组织管理者拥有的主观资源——"注意力"。因而，引入"母公司注意力资源"这一概念不仅有利于明确子公司的资源获取过程，更为母子公司相关研究开辟了一种新视角、新思路。公司创业研究在全球已经积累了丰硕的成果，但是子公司创业问题却远远落后。欧美发达国家的相关研究多关注海外子公司东道国环境对子公司创业问题的影响，这与其经济发展状况是一致的。而我国的母子公司制企业，大多集中于国内经营，母子公司内部网络对子公司创业行为的影响显然更为突出，但在理论研究中却未被重视。我国学者对子公司创业问题的研究，一类延续了国外学者对海外子公司的关注，研究海外企业在中国的子公司创业问题；另一类尽管尝试对本土企业的子公司创业行为进行研究，但从笔者掌握的文献来看，尚无大样本的实证研究。综上，本书构建了母子公司关系嵌入性、子公司资源获取与子公司创业行为的关系模型并通过大样本问卷调查的形式对其进行验证，有一定的创新性，也是对现有研究的有力补充。

1.5.2 引入母公司注意力资源的概念，明确子公司资源获取过程

Haas 和 Hansen（2005）指出母公司注意力资源是母公司资源配置战略背后的关键性因素。获取母公司关注是子公司获取资源的筹码[①]，而拥有资源是创业行为发生的前提。受此启发，本书在揭示子公司的资源获取机制时，引入了"母公司注意力资源"这一概念，并试图验证母公司注意力获取对子公司常规资源获取的促进作用。根据笔者对国内外文献的收集情况，现有大多数关于组织注意力

① Bouquet, C., Birkinshaw, J.. Weight versus Voice: How Foreign Subsidiaries Gain Attention from Corporate Headquarters [J]. Academy of Management Journal, 2008, 51 (3): 577-601.

的理论研究关注自上而下的逻辑，研究的是注意力的拥有者对注意力的配置问题。而对于自下而上的逻辑，即注意力的接收对象如何赢得关注的过程研究还很不足。在我国，鲜有的几篇基于注意力基础观的研究文献，也均是研究了企业高管团队或CEO如何配置注意力的问题，还未有从子公司角度探究如何获取母公司注意力的成果。因此，本书对这一概念的探索具有开拓意义。

1.5.3 验证子公司资源获取的多重中介效应

经过理论推演，本书认为子公司资源获取在母子公司关系嵌入性与子公司创业行为间有中介作用，而子公司资源获取又包含了常规资源获取与注意力资源获取两个方面，并且推断注意力资源获取会对常规资源获取有积极影响。当中介变量存在不止一个，且多个中介变量同时发挥作用时，就构成了多重中介效应（柳士顺、凌文辁，2009）。本书构建的模型中，由于中介变量之间也存在联系，多重中介模型更为复杂，即为多元多重中介模型（柳士顺、凌文辁，2009）。因此，模型中不仅存在子公司资源获取机制的多重中介效应，还衍生出以注意力资源获取和常规资源获取分别作为中介变量出现的多个一元中介模型，增加了统计分析的复杂性。在借鉴同类研究的处理方法后，又请教了数理统计专业的博士生与教师，最终选用了结构方程模型结合 Bootstrap 方法进行数据分析，并得到了科学合理的结论。随着学科间的交叉越来越广泛，研究内容也越来越复杂，有时需要多个中介变量才能更清楚地解释自变量对因变量的作用（MacKinnon，2008）。这对多重中介模型的检验是一次有意义的尝试。

第2章　理论依据与研究进展述评

2.1　子公司的演进与发展研究

2.1.1　子公司的演进规律

对子公司的研究，早期还是出现在对母子公司关系的关注中。从20世纪80年代开始，随着跨国公司的规模不断扩大，子公司的地理位置日趋分散，子公司的地位逐渐改变，母子公司关系问题成为国际企业管理和战略管理领域的热点之一（Paterson & Brock，2002）。相关研究主要集中于如何保持母公司在跨国公司发展中的主导权（Prahalad & Doz，1981）。20世纪80年代后期，Ghoshal和Bartlett两位学者首次明确指出跨国公司是一个“组织间网络”（Interorganizational Network），是由分散在不同国家的子公司所组成的差异化网络（Differentiated Network），这使母子公司关系的研究从单纯的母子二元关系变成了MNC网络中复杂的多元关系。子公司对自主权的要求提高了，母公司对子公司的控制权受到挑战，不得不做出适当调整，研究的焦点也逐渐转变为对子公司自主权的关注，子公司研究呈现出以下的规律及特点。

2.1.1.1　从战略–结构观点到母子公司关系观点

有学者认为子公司的战略通常由母公司制定，从长期来看，子公司的结构与功能应该适时调整以保证母公司战略目标的实现。这种观点单纯从母公司方面设计母子公司管理体系，忽视了子公司的能动性。母子公司关系研究则聚焦于母公司决策制定中的“集权”与“正规化”问题，关注的重点仍然是母公司如何控制子公司，以保证子公司能为母公司带来最大的益处。但是，此类研究认为子公司可以有合理的自主权，并可以适当参与到决策制定过程中。所以，相较于“战略－结构”视角，母子公司关系视角的研究开始顾虑子公司的感受，并认可子公司的异质性。基于母子公司关系的视角，学者们认为子公司面临的环境条件各不相同，应该采用不同的控制方式（O’Donnell，2000）。

2.1.1.2　子公司角色观点

战略－结构观点和母子公司关系观点都是站在母公司或跨国公司整体的角度研究如何管理子公司的问题，子公司角色观点则是以子公司为研究对象，认为子公司本身拥有独特的资源，面临不同的机遇和挑战，母公司应当根据子公司的独特性赋予其适当的自主权，使不同地区的子公司扮演不同的战略角色。整合与响应（Integration－Responsiveness，IR）的框架成为划分子公司角色类型的重要指导思想。“整合”反映的是跨国公司内部对一体化、系统化、集成化的要求，“响应”反映的是子公司所在东道国情境的差异性，对子公司适应性和反应能力的要求。[①] 对子公司的角色划分虽然考虑到子公司当地环境的影响，但母公司仍然拥有主导权，是子公司角色的设计者。

2.1.1.3　子公司发展观点

子公司角色学派对东道国环境干预和子公司自身成长而导致的角色变化考虑不足。子公司发展观点比以往更加重视子公司当地的环境，并认为子公司的发展应以自身环境和战略为基础（Prahalad & Doz，1981），保持其当地敏感性。更有学者提出子公司在没有母公司支持的当地环境中生存，比子公司听从母公司的安排更重要（White & Poynter，1984）。在子公司对自我发展的追求过程中，母公司的中心性、权威性逐渐丧失，子公司的地位不断强化，母子公司间的互动变得越来越复杂。子公司发展不仅取决于跨国公司总部的意愿和战略构想，子公司本身具有的自主性（Initiative）将影响其角色变化（Birkinshaw，1995），子公司的

① Jarillo，J. C.，Martinez，J. I.. Different Roles for Subsidiaries：The Case of Multinational Corporations in Spain［J］. Strategic Management Journal，2000，11（7）：501－512.

角色是母子公司之间谈判的结果。①

从战略-结构观点到子公司发展观点的演进，反映了子公司自主地位不断加强的规律。在跨国企业发展早期，母公司拥有所有权优势和资源优势，因而母公司在母子公司关系中处于支配性的地位（Harzing，2000）。随着子公司的不断发展，子公司的区位优势越来越明显，在集团内部的话语权也不断加大，文献越来越多地强调子公司的自主权、能动性和企业家精神，而控制、集中化和标准化等词汇出现的则越来越少。

2.1.2 子公司演进的理论依据

子公司角色的演变主要来自三股力量的驱动：母公司委派、子公司自我选择和子公司当地环境的压力。子公司的发展也会反作用于上述三股力量。② 因此，子公司的演进可以看作子公司与跨国公司、东道国环境构成的网络关系的动态平衡。这种动态平衡随着时间的推演和子公司的发展不断被打破和重构，其背后隐藏的理论逻辑大致如下文所述。

2.1.2.1 母公司驱动子公司演进的理论依据

从战略-结构观点、母子公司关系观点到子公司角色观点的发展，均体现了母公司在整个企业成长中的主导作用，子公司的首要任务便是实现母公司的战略意图。跨国公司理论、战略-结构理论、委托-代理理论、交易成本理论、有限理性理论等都能够解释母公司对不同子公司的角色设计。

早期的解释跨国公司成因的理论，如垄断优势理论、国际产品生命周期理论、国际化进程理论以及国际生产折衷理论等跨国公司理论都从不同角度解释了海外子公司对 MNC 价值增加的方式和程度，反映了母公司对子公司角色的决定权与主导权。而战略决定结构的观点是战略管理理论对子公司存在与发展的诠释。母公司的战略意图决定了子公司的地位、角色，并作为子公司发展的主要指导思想。该理论同样突出了母公司的主导地位。对于母公司而言，其关键任务就是设计一种组织模式和管理流程使代理成本最小。但是，随着子公司的不

---

① Mudambi, R., Navarra, R. Is Knowledge Power? Knowledge Flows, Subsidiary Power and Rent-seeking Within MNCs [J]. Journal of International Business Studies, 2004, 35 (5): 385-406.

② Birkinshaw, J., Hood, N. Multinational Subsidiary Evolution: Capability and Charter Change in Foreign-owned Subsidiary Companies [J]. Academy of Management Review, 1998, 23 (4): 773-795.

断发展，母公司可能无力掌握子公司经营的全部相关信息，子公司本身也会有追求自己利益的动机，母子公司间的委托-代理问题变得更加尖锐，对跨国公司内部的交易费用产生了巨大影响。事实上，即使在利益趋同的情况下，母子公司间也会出现"认知差异"①，使内部信息成本、监管成本和沟通成本等交易费用居高不下。企业集团与跨国公司通常都是多地域、多业务、员工多样化的企业组织，母公司的"有限理性"是子公司自主发展的主要交易成本。信息不完全是"有限理性"产生的重要原因，但"认知差异"也是母公司有限理性的表现（张晓燕，2012）。一定程度上，母公司的"有限理性"会促使子公司在自主创业行为发生的初期可能故意隐瞒，以防母公司的反感或阻碍。因为母公司常常担心子公司的自主行为带有投机性，有可能偏离母公司设置的目标。

2.1.2.2　子公司当地商业环境驱动子公司演进的理论依据

跨国公司发展的实践证明子公司与当地环境的融合越来越密切，当地市场、竞争对手、供应商甚至政府等利益相关者均可能影响子公司的角色演化。依据区域发展理论，子公司在当地环境融入一定程度后，会倾向于在当地市场实现某些资源和知识的交换，而不会选择母公司或其他外地子公司。这是因为从空间维度来看，当地交易方便；从认知维度来看，当地企业的文化相似程度高，交流沟通成本较低。② 另外，许多国家或地区都有吸引投资的有利政策，以促进当地经济的发展，这也成为子公司自主活动的一个诱因。

2.1.2.3　子公司自演进的理论依据

子公司演进是子公司能力积累与发展的结果（Teece，2012），这恰好与动态能力理论的观点一致。动态能力是指企业不断地整合、再配置、更新和再创造资源与能力的能力。③ 子公司的动态能力是与母公司及其他子公司不同的、带有明

---

① Birkinshaw，J.，Holm，U.，Thilenius，P.，Arvidsson，N.. Consequences of Perception Gaps in the Headquarters – Subsidiary Relationship [J]. International Business Review，2000（9）：321 – 344. 认知差异指的是母公司可能会有与子公司管理者不同的立场，对同一问题产生不同的判断；母子公司对子公司的角色定位也会有不同的认知，子公司往往过高估计了自身的地位。

② Birkinshaw，J.，Hood，N.. Multinational Subsidiary Evolution：Capability and Charter Change in Foreign – owned Subsidiary Companies [J]. Academy of Management Review，1998，23（4）：773 – 795.

③ Teece，J. D.. Dynamic Capabilities：Routines Versus Entrepreneurial Action [J]. Journal of Management Studies，2012，49（8）：1395 – 1401.

显的本地特色的能力，具有独特性。子公司的动态能力通常基于子公司既往的经验和经历，有一定的“黏性”，很难复制和转移，但是会对子公司的未来发展有益。动态能力理论的视角充分考虑了子公司的能动性与创新性，但是子公司的动态能力观受制于子公司拥有的资源状况，忽视了子公司的网络嵌入性对子公司资源整合的重要影响，有一定的局限性（陈福添，2006）。

本书认为，网络嵌入理论与情境理论视角能够综合地、深入地概括前面多种理论的多角度分析，解释母子公司间对立统一的关系。双重网络嵌入性是子公司的天然情境，该情境提供的资源优势促进了子公司的演进发展，但是母子公司关系网络与子公司网络间的“整合－响应”矛盾又可能使子公司陷入顾此失彼的困境。因此子公司研究应该集中于在双重网络嵌入的前提下，如何平衡“整合”与“响应”的关系。

2.1.3 嵌入视角下子公司的演进趋势

子公司的网络嵌入性是子公司最重要的资源①，对子公司发展有重要影响。随着子公司研究的不断深入，子公司的网络嵌入性如何影响与推动子公司的角色演进也逐渐成为研究热点之一（Paterson & Brock，2002）。

2.1.3.1 子公司特有优势

子公司特有优势（Subsidiary Specific Advantage）被认为是跨国公司的“第四层面优势”。子公司特有优势根植于子公司层面，是子公司层面的专有知识、能力或者竞争力，通常是隐性知识，不易在跨国公司内部进行转移。② 它的发现使跨国公司专有优势的产生与维持由原来单一的母公司来源转变成为整个公司网络的集体责任。③ Rugman 和 Verbeke（2001）归纳了 10 种跨国公司构建核心能力的方法，其中有 3 种方法都来自于子公司优势的转化。Andersson、Forsgren 和 Holm（2002）也指出子公司在当地的技术嵌入和商业嵌入使子公司获得更多的

---

① Andersson, U., Forsgren, M.. Subsidiary Embeddness and Control in the Multinational Corporation [J]. International Business Review, 1996, 51 (5): 487－508.

② Rugman, A. M., Verbeke, A.. Subsidiary－specific Advantages in Multinational Enterprises [J]. Strategic Management Journal, 2001, 22 (3): 237－250.

③ Birkinshaw, J., Hood, N., Jonsson, S.. Building Firm－specific Advantages in Multinational Corporations: The Role of the Subsidiary Initiative [J]. Strategic Management Journal, 1998, 19 (3): 221－241.

知识和经验，通过子公司优势在跨国公司的内部转化，会对其他子公司的发展产生影响。我国学者王世权、王丹和武立东（2012）也在海信集团的案例研究中发现，那些在母子公司网络内部积极传播自身知识与经验的子公司通过在内部与其他单位的联合价值创造，获得更多的信任与理解，有利于未来的自主创业；而那些只顾从跨国公司内部攫取价值的子公司，则可能会失去未来的自主权。子公司特有优势往往与子公司所处环境高度匹配，能够体现子公司与其他子公司能力差距，子公司自主发展可能形成特定优势，但必须由母公司支持，才能长期保持。而要想获得母公司支持则首先要确保子公司特有优势不会对跨国公司产生负面影响，甚至应当与整体企业已有的竞争优势积极协同（李京勋、郑晗，2012）。

2.1.3.2　优秀中心

“优秀中心”（Centers of Excellence，COE）被认为是鼓励和监管子公司特有优势的重要工具，是指具有独特知识且被任命负责把该知识扩散到整个跨国公司的一个实体，是跨国公司充分利用特定资源的一种方式，拥有特有优势的子公司就可能发展成为优秀中心。① 在20世纪90年代，许多大企业如飞利浦、IBM、GE、雀巢、惠普等都曾建设过优秀中心，但这些中心主要集中于生产和研发技术领域，以促进新产品、新技术的快速发展。母公司建设优秀中心的首要目的是在整个企业传播该中心所拥有的知识或资产，但建设优秀中心的成本非常高昂，因此，只有实力雄厚的母公司才能建设并借此实现资源的再分配（Paterson & Brock，2002）。Moore 和 Birkinshaw（1998）探讨了影响优秀中心建立的内外部因素，并得出结论：母公司的投资支持是建设优秀中心的重要条件，与跨国公司内外部资源拥有者的联系紧密度也是能否建立优秀中心的重要考虑。Andersson 和 Forsgren（2000）也指出子公司资源、母子公司关系以及子公司的区位重要性是建设优秀中心的决定因素。鉴于优秀中心对母公司投资的依赖性，建立优秀中心也成为母公司控制子公司的一种机制。

2.1.3.3　子公司创业

子公司创业指的是子公司寻找新方法以利用或拓展已有资源的活动（Kan-

---

① Moore，K.，Birkinshaw，J.. Managing Knowledge in Global Service Firms：Centers of Excellence［J］. Academy of Management Executive，1998，12（4）：81－92.

ter，1982；Miller，1983；Birkinshaw，1997，1998）。子公司创业有利于提高子公司的本地响应能力，在母子公司网络的内部市场中也可能发挥积极作用；推进全球一体化、全球范围内的学习，是对母子公司均有益处的活动，因此母子公司都有动机推动子公司创业（Birkinshaw，1997，1998）。Yamin（2011）指出在多数情况下，母子公司都处于"异质环境"，这使子公司有更多的机会从跨国公司外部获取知识、资源和市场机会，进行创业活动。另外，异质环境也要求母公司对子公司进行放权，并鼓励子公司的创业尝试，才能使子公司在当地市场更具竞争力（Almeida & Phene，2004）。但是子公司的自主创业行为经常超越了母公司的授权和许可，特别是在自主行为刚刚萌芽时（Ambos，Andersson & Birkinshaw，2010），这可能会破坏母子公司关系。从另一角度来看，子公司创业行为带来的创新性成果（如知识、技术等），如果能够在整个跨国公司内部传播，则有利于维护与改善母子公司关系（Kostova & Roth，2003）。因此母公司应如何看待子公司创业行为，子公司如何让母公司支持自己的创业行为都还是有待研究的课题（Strutzenberger & Ambos，2013）。

目前，子公司的特有优势、优秀中心与子公司创业行为的研究多是基于子公司在当地商业环境中形成的资源与能力，即着眼于子公司外部嵌入性对子公司成长的影响（Garcia－Pont et al.，2009；Yamin & Andersson，2011），对子公司内部嵌入性的关注还很不够（Birkinshaw，Hood & Young，2005）。事实上，子公司可以通过加强与内部成员的关系互动来实现对内部资源配置的影响力，甚至改变原有的网络位置（Garcia－Pont et al.，2009）。因此，把社会学理论、网络理论应用于子公司研究将有助于揭示在母子公司内部子公司如何获得更好的地位和更大的权力（Yamin & Andersson，2011）。另外，子公司的不断发展逐渐暴露出维系内部关系与保持自主性的矛盾。本书将母子公司关系嵌入性与子公司创业纳入同一理论框架中，是对这一问题的响应与探索。

2.2 子公司网络嵌入性相关研究

2.2.1 嵌入与子公司网络嵌入性

2.2.1.1 嵌入概念的产生与发展

最早提出“嵌入性”概念的是经济史学家卡尔·波兰尼，他认为经济制度是嵌入在经济和非经济制度中的，但此时的“嵌入”偏向于宏观的、抽象的关系。1981年，White在《美国社会学杂志》上发表文章，指出市场就是网络，是企业间通过密切联系而形成的能够相互识别、相互理解、互利的社会结构。White打破了经济学理论对市场的固有认识，将市场视为交易者之间的关系网络，为社会网络理论的发展奠定了基础。作为White的学生，Granovetter（1985）进一步发展了老师的观点，并在《美国社会学杂志》上发表了《经济行动与社会结构：嵌入性问题》一文。在这篇文章中，Granovetter（1985）把“嵌入”具体化到特定情境中，认为经济行动镶嵌于社会结构中，社会结构的核心就是社会网络，因此无论经济行动的内容还是表现形式都会受其所在社会环境以及社会网络关系的影响。这显然对经济学的理性分析框架提出了挑战，这篇文章也因此成为新经济社会学领域具有开创意义的文献，对后续研究产生了深远影响，Granovetter也因此奠定了其在社会网络理论研究中的大师地位。Granovetter（1985）认为网络嵌入有两种形式，分别是结构嵌入和关系嵌入。结构嵌入是指个体在社会网络中扮演的角色、占有的地位等位置要素；关系嵌入则是指个体的行为受其所拥有的社会网络关系质量影响，通常通过互动的频率、亲密程度、互惠互利等方面体现。对社会关系重要性的强调，在社会资本理论中得到了突出的反映。现有对社会资本的研究可以归结为两类：一类是关注社会网络的结构特征，比如联系的强弱程度、结构洞、中心化程度等结构指标；另一类是聚焦在关系内容上的资源视角，强调社会交往对象背后的资源，包括通用的行为规范、信念以及能力。这两个维度与Granovetter提出的结构嵌入与关系嵌入是完全契合的。结构嵌入与关系嵌入也成为本书对子公司嵌入性进行维度划分时采用的一个重要依据。

2.2.1.2 子公司的网络嵌入性

传统的母子公司研究主要集中于如何保持母公司在跨国公司发展中的主导权（Prahalad & Doz，1981）。20 世纪 80 年代后期，Ghoshal 和 Bartlett 两位学者首次明确指出跨国公司是一个“组织间网络（Interorganizational Network）”，是由分散在不同国家的海外子公司所构成的差异化网络，子公司的角色类型由母公司决定，与子公司自身拥有的资源状况密切相关。① 这使母子公司关系的研究从单纯的母子二元关系变成了 MNC 网络中复杂的多元关系，需要考虑社会关系及社会结构可能产生的重要作用（武立东，2005）。

子公司同时嵌入在母子公司内部网络与子公司所在运营地的商业环境中，呈现出双重网络嵌入的特点。通常把前者称为子公司的内部嵌入性；后者则是子公司的外部嵌入性。具体而言，内部嵌入性是由母子公司、子子公司关系共同形成的网络结构；外部嵌入性则是子公司在其经营地与当地的顾客、供应商、竞争者等利益相关者互动的结果。双重网络嵌入性是子公司拥有的最重要的资源，是子公司成长的客观情境，是子公司运营资源的主要来源，内外部网络的各种联结都可能成为资源的供应方。② 子公司的网络嵌入程度越高，网络关系对子公司行为的影响力相应越大。但是，子公司也可以通过其主动的网络战略实现对网络嵌入关系的管理，甚至会改变原本由母公司指派的战略角色。③ 了解子公司的网络嵌入性，可以帮助解释子公司创业行为的差异。

2.2.2 子公司网络嵌入性的研究现状

自从 20 世纪 90 年代中期起，随着跨国公司海外市场的不断扩大以及社会网络理论在跨国公司研究中的应用，针对跨国子公司的网络嵌入性研究也逐渐兴起。

2.2.2.1 国外相关研究

Andersson 和 Forsgren（1996）发现，随着子公司外部嵌入性的提高，母公司

① Ghoshal, S., Bartlett, C. A.. The Multinational Corporation as an Interorganizational Network [J]. Academy of Management Review, 1990, 15 (4): 603 – 625.

② Andersson, U., Forsgren, M.. Subsidiary Embeddedness and Control in the Multinational Corporation [J]. International Business Review, 1996, 5 (5): 487 – 508.

③ 武立东，黄海昕．企业集团子公司主导行为及其网络嵌入研究：以海信集团为例［J］．南开管理评论，2010, 13（6）：125 – 137.

对子公司的控制力变弱，外部组织对子公司的影响力不断提高，并且子公司的内部嵌入程度越低，母公司对其控制得越严格。子公司的内外部嵌入性综合影响了子公司的战略。随后的研究还证明子公司的内部嵌入性，特别是母公司对子公司的控制机制会对子公司外部嵌入程度产生影响（Andersson，Bjorkman & Forsgren，2005）。Andersson 和 Forsgren（2000）的研究表明子公司的外部嵌入性程度会对其在跨国公司中的战略位置产生积极影响。使用同一样本，Andersson 和 Forsgren（2002）对子公司的外部嵌入程度、市场绩效与子公司在跨国公司层面的竞争力之间的关系进行了研究，并细致入微地将外部嵌入性分为商业嵌入与技术嵌入，技术嵌入会促进子公司市场绩效的提升并有助于提升子公司在跨国公司内部的重要性，商业嵌入不会直接对子公司绩效产生影响，但可以通过技术嵌入对市场绩效施加影响，甚至能够影响其他子公司的产品研发。对子公司外部嵌入性的研究主要集中于外部嵌入性对子公司的各种影响（绩效、地位等），但是母公司对子公司外部嵌入性也绝不会袖手旁观。Nell、Ambos 和 Bchlegelmilch（2011）就指出当子公司的外部嵌入性程度较高，子公司对于跨国公司整体的贡献较大时，母公司会积极嵌入子公司的外部商业网络中去，以加强对子公司的掌控。

经济全球化水平的不断提高，引发了人们对子公司内部嵌入性的关注。有观点认为全球化强化了对母子公司一体化的要求，因而子公司的内部嵌入性应该比外部嵌入性更加受到重视。事实上，子公司在跨国公司内部的网络嵌入性水平，特别是母子公司关系的质量，会对子公司核心能力的发展产生重要影响。① 有研究已经证实母子公司之间的联系将有利于促进子公司的创新水平（Figueiredo，2011），子公司内部嵌入性对提升子公司在跨国公司网络内的重要性有积极作用（Yamin & Andersson，2011）。随着海外子公司在东道国市场的发展壮大，子公司的特定优势可能会通过知识转移等方式“反哺”于母公司或其他子公司，进而影响母子公司间的内部网络。因此，子公司的内部嵌入性对子公司而言是重要的资源，同时又是子公司可以管理的资源。子公司出于自身发展的需要可以适当调整其内部嵌入程度以改善子公司的处境，降低来自母公司的限制（Garcia - Pont et al.，2009）。

① Schmid，S.，Schurig，A.. The Development of Critical Capabilities in Foreign Subsidiaries：Disentangling the Role of the Subsidiary's Business Network［J］. International Business Review，2003，12（6）：755 - 782.

最近几年，也有学者对子公司的内外部嵌入性同时进行了研究。如 Ambos 等（2011）就通过对 73 家海外研发型子公司的调查指出子公司的网络嵌入性会影响子公司未来可获得的自主权。Dellestrand（2012）证实子公司的内外部嵌入性不仅有推动创新的作用，还会影响地区总部在子公司创新中的参与程度。Yamin 和 Andersson（2011）探讨了内部嵌入性与外部嵌入性的交互作用对子公司重要性的影响，并认为内部嵌入性程度会削弱子公司外部嵌入性对子公司重要性的影响力。

2.2.2.2　国内相关研究

在对网络嵌入的研究热潮中，我国学者也在不断探索。学者们研究的最多的还是嵌入性对子公司绩效的影响。① 也有学者分析了嵌入性对子公司成长的作用，如徐鹏和徐向艺（2013）将嵌入性作为企业动态能力演变的驱动力；朱顺林（2012）基于网络嵌入对子公司演化的机制进行了研究；蒲明和毕克新（2013）基于网络视角，研究了内部嵌入性对跨国子公司成长能力的作用机制，检验子公司内部嵌入性、知识获取与成长能力的内在关系。嵌入性与子公司知识获取和分享的关系研究也是被关注的热点。例如，黄中伟和王宇露（2008）、李元旭和王宇露（2010）实证检验了子公司的位置嵌入性对子公司网络学习能力的影响。闵成基、杨震宁和王以华（2010）以跨国公司在华子公司为例，研究了子公司的外部关系嵌入性影响子公司从外部商业关系中获取知识的作用机制。而在与本书关系最密切的子公司创业研究中，也有学者从嵌入视角进行了尝试。张慧（2007）以跨国公司子公司为研究对象，分别讨论了母子公司关系、子子公司关系及子公司与外部网络的关系等多种关系对子公司创业行为的影响。罗宣（2007）也从子公司角度分析了网络嵌入性对子公司成长性的影响。武立东、黄海昕（2010）对海信集团子公司创业及其内部嵌入性进行了探索性研究，从母子公司关系和子子公司关系两方面分析了子公司在集团内部的嵌入性。王世权、王丹和武立东（2012）在他们的研究基础上对子公司的内部网络嵌入性、联合价值创造及子公司自主权等变量的关系进行了探讨。

总之，从现有文献来看，国内外关于子公司网络嵌入性的研究成果虽然日益丰富，但对子公司外部嵌入性的研究远远多于对子公司内部嵌入性的研究，对网

① 林嵩. 国内外嵌入性研究述评［J］. 技术经济，2013，32（5）：48－53.

络嵌入性结果的关注远远多于对网络嵌入性作用机理的关注。

2.2.3 子公司网络嵌入性研究述评

网络嵌入观点指出经济行为的嵌入性表现为经济行为发生在某种社会关系网络内，并受该网络影响。子公司同时嵌入在跨国公司内部网络（内部嵌入）与东道国本地网络（外部嵌入）中。子公司的网络嵌入性是子公司最重要的资源①，对子公司发展有重要影响。通过对现有文献的梳理发现，在对子公司网络嵌入性的研究中还存在以下不足。

2.2.3.1 对子公司内部嵌入性的关注不够

子公司的内部嵌入特征会揭示子公司的角色与功能，并制约子公司的战略过程。内部嵌入性研究有助于揭示在母子公司型企业内部子公司如何获得更好的地位和更大的权力，有利于了解子公司的优秀知识与实践如何在跨国公司内部传播。先前有研究认为如果母公司不强制要求，子公司的优势就很难扩散②，最近的研究却指出子公司会主动扩散其知识和优势，以扩大自己在内部网络中的影响力，巩固或改善自己的战略地位，这种关系互动包括子公司主动传授知识、分享经验或者扩散子公司专有优势等③。目前对内部嵌入性的研究主要集中于对结果的讨论，即内部嵌入性会对子公司产生怎样的影响④，对于内部嵌入性怎样发挥作用的过程、影响内部嵌入性的因素以及内部嵌入性的测量等方面的研究有待加强⑤。

2.2.3.2 对子公司内部嵌入性的认识存在差异

子公司内部嵌入性指的是子公司在母子公司制企业内部的网络嵌入特点，其中包含了母子公司与子子公司两种网络关系。现有研究多是把母子公司网络

① Andersson, U., Forsgren, M.. Subsidiary Embeddness and Control in the Multinational Corporation [J]. International Business Review, 1996, 51 (5): 487 – 508.

② Rugman, A. M., Verbeke, A.. Subsidiary – specific Advantages in Multinational Enterprises [J]. Strategic Management Journal, 2001, 22 (3): 237 – 250.

③ Garcia – Pont, C., Canales, J. I., Noboa, F.. Subsidiary Strategy: The Embeddedness Component [J]. Journal of Management Studies, 2009, 46 (2): 182 – 214.

④ Yamin, M., Andersson, U.. Subsidiary Importance in the MNC: What Role Does Internal Embeddedness Play? [J]. International Business Review, 2011 (20): 151 – 162.

⑤ Birkinshaw, J., Hood, N., Young, S.. Subsidiary Entrepreneurship, Internal and External Competitive Forces and Subsidiary Performance [J]. International Business Review, 2005 (14): 227 – 248.

嵌入与子子公司网络嵌入同时纳入子公司内部嵌入性的研究中，这样就会涉及各种网络间的相互作用问题，使研究变得非常复杂，也难以深入展现某一种网络关系带来的影响，因此本书聚焦于母子公司网络嵌入性而不考虑子公司之间的网络关系。依据 Granovetter 的观点，又可以进一步把母子公司网络嵌入性分为结构嵌入与关系嵌入两个维度。结构嵌入强调由网络位置决定的客观联系；关系嵌入则强调由积极互动形成的紧密的社会化联系。结构嵌入往往与持股比例、子公司的核心业务等先天客观条件高度相关，子公司即便努力也很难改变。但关系嵌入则不同，子公司可以通过主动、积极与母公司互动来增进母子公司关系，以期获得母公司的青睐并最终改善其结构嵌入性。许多研究同时关注结构嵌入与关系嵌入两个方面，但却没有厘清两个概念之间的联系，影响了研究结论的可靠性。鉴于此，本书只讨论母子公司关系嵌入性对子公司创业的影响，以强化人们对社会结构与关系如何影响组织行为的理解（王世权等，2012）。

2.3 子公司创业相关研究

2.3.1 子公司创业的概念辨析

2.3.1.1 公司创业研究的发展推动了子公司创业研究的兴起

20 世纪 90 年代以来，对已建公司创业战略或导向的研究，逐渐成为战略管理研究引人注目的前沿领域之一。[①] 公司创业活动是已建企业实现业务增长的主要动力，也是战略变革与调整的主要动力（Guth & Ginsberg，1990）。公司创业主要通过产品创新、流程与管理创新、多元化战略等形式得以实现。公司创业活动不仅有利于企业的发展，长远来看，对于整个国民经济的健康发展和国家创新能力乃至国家竞争力的提升都有着举足轻重的意义。

随着跨国公司的不断发展和公司创业研究的不断深入，学者们开始关注跨国

① 张映红．公司创业理论的演化背景及其理论综述［J］．经济管理·新管理，2006（14）：4－10.

企业的公司创业行为。跨国企业不同于单体企业，它拥有多元的创业主体，母公司或子公司均可能成为公司创业活动的主导者。母公司驱动的公司创业行为反映了母公司自上而下的指导权、指挥权。但随着跨国公司地域分布越来越广泛，子公司在当地市场越来越壮大，此种公司创业形式可能越来越力不从心了。恰恰相反，随着学者们对子公司特有优势、子公司"优秀中心"等子公司自主成长行为的关注，子公司创业被认为是跨国公司重要的创新与发展源头。Birkinshaw 作为子公司创业研究中的代表人物，在 1997 年提出了"子公司主导行为（Subsidiary Initiative）"的概念，并详细阐述了研究子公司主导行为而不是母公司主导行为的原因。他在文章中指出子公司主导行为是一个非常重要但却未被重视的现象，很多跨国公司在依赖子公司打入东道国市场后，却忽视了子公司作为独立法人谋求自我发展、不断创新的潜力。由此可以认为，子公司主导行为是在没有环境压力的情况下，子公司独立地、前瞻性地使用或拓展其资源来发展一项业务的过程[①②]，是公司创业的一种形式。对子公司主导行为的研究，标志着学者们开始关注子公司创业活动。

2.3.1.2 子公司创业的内涵

Birkinshaw 于 1997 年在《战略管理杂志》上发表的一篇题为《跨国公司中的创业精神：子公司主导行为的特征》的文章，被认为是了公司创业研究领域开创性的文献。在这篇文章中，子公司主导行为被定义为一种公司创业形式，由海外子公司发起，始于机会的识别，直至获得对这个机会而言所必需的资源承诺。[③] 这个定义有两个重要的前提条件：一是强调子公司主导行为由子公司发起而非母公司；二是说明主导行为的目的是要使子公司承担更多国际责任，为母公司创造更大的价值。[④] 这就将那些不能对跨国公司整体价值提升做出贡献的行为排除在外。后来的学者基本沿用 Birkinshaw 对于子公司主导行为的定义（Ambos et al.，2010；Strutzenberger & Ambos，2013；武立东、黄海昕，2010；徐梅鑫、

---

① Kanter, R. M.. The Middle Manager as Innovator [J]. Harvard Business Review, 1982 (60): 95 - 105.

②③ Birkinshaw, J.. Entrepreneurship in Multinational Corporations: The Characteristics of Subsidiary Initiatives [J]. Strategic Management Journal, 1997 (18): 207 - 229.

④ Birkinshaw, J., Hood, N., Jonsson, S.. Building Firm - specific Advantages in Multinational Corporations: The Role of Subsidiary Initiative [J]. Strategic Management Journal, 1998 (19): 221 - 241.

刘祯，2012）。因此，Young 等（2003）认为把子公司研究扩展到子公司创业领域主要是 Birkinshaw 的贡献。子公司创业与跨国公司创业的区别在于：子公司创业是由子公司驱动的创新、开拓新业务以及战略更新等活动，发生在子公司层面，是子公司的自主行为（Williams，2006），表现出子公司的主动意愿与冒险精神，不是受到母公司压力才发生的。①

综合上述分析，本书把子公司创业定义为：在没有环境压力的情况下，子公司为了促进自身和整体企业的发展，积极争取资源并主动发起的创新与变革及新业务开拓等活动，主要表现为子公司积极开发新知识、新技术、新资源或新市场等（武立东、黄海昕，2010），这些活动表现出了子公司的主动性和一定的冒险性，并与整体企业的目标保持一致。

2.3.2 子公司创业的影响因素研究

网络嵌入性是子公司创业的主要情境，各种网络关系必然会对子公司创业行为产生影响，子公司创业的过程就是子公司与其内外部网络互动的过程（见图 2.1）。Birkinshaw、Hood 和 Jonsson（1998）从子公司的网络嵌入特征着手，分别从子公司内部网络、母子公司网络及子公司经营地的商业网络三个方面讨论了影响子公司主导行为的因素，奠定了子公司内部网络、跨国公司网络及东道国网络的分析框架。后来多位学者也都在这一框架指导下从网络嵌入的视角分析了子公司主导行为（Strutzenberger & Ambos，2013；Schmid，Dzedek & Lehrer，2014）。

2.3.2.1 内部嵌入性对子公司创业行为的影响

从控制权的角度分析，子公司行为必然要受到母公司的管控和监督。子公司创业行为虽然由子公司发起，但最终却要得到母公司的支持与批准。因此母子公司制企业内部互动是子公司创业研究中被讨论最多的情境因素（Strutzenberger & Ambos，2013）。具体有以下几个方面：

① 李崴．母公司控制下的企业集团子公司网络效应研究［D］．哈尔滨：哈尔滨工业大学博士学位论文，2008.

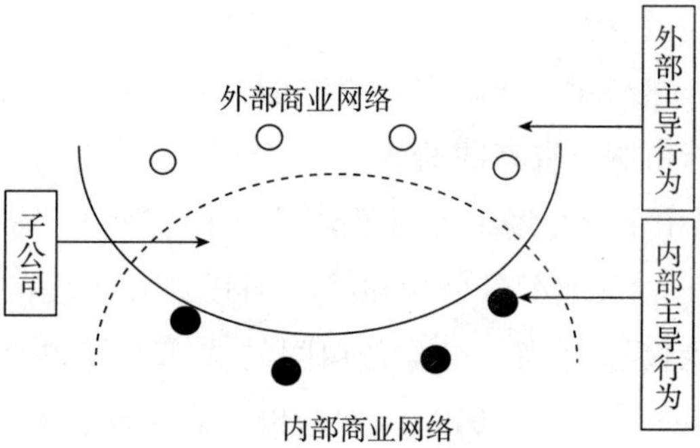

图 2.1　子公司的网络嵌入性

资料来源：武立东，黄海昕．企业集团子公司主导行为及其网络嵌入研究：以海信集团为例［J］．南开管理评论，2010，13（6）：125－137.

（1）母子公司管控体系。有学者把母子公司管控体系中那些可能阻碍子公司创业行为的因素概括为“企业免疫系统（Corporate Immune System）”（Birkinshaw & Ridderstråle，1999）。如严格的资源配置系统、官僚的科层体制等，这些因素往往是母公司出于自身的“民族优越感”而设定的。民族优越感的存在，使母公司不情愿看到海外子公司发展得比本土公司更好，也不愿意承认自己对子公司所在市场了解不全面，因而可能会抵制变革，抵制子公司创业行为（Birkinshaw，2000）。通常表现为高度集权的母公司控制，剥夺子公司自主行动的权力，负向影响子公司创业行为。与此同时，母公司更倾向于采用过程导向的考核方式以减少子公司创业行为的发生概率（Mahnke et al.，2007）。

（2）母子公司关系。母子公司关系质量会影响子公司从母公司处获取资源的能力，因而会对子公司创业行为产生影响（Ambos & Mahnke，2010）。子公司从母公司处可以获得大量的优质常规资源，例如从母公司获取知识资源已被许多学者证实能够对子公司创业行为甚至绩效产生积极的影响（Forsgren & Holm，2010）。除从母公司处获得常规资源外，子公司从母公司处获得的信任、关注等无形资源与支持也能为子公司创业行为提供重大帮助（Bouquet & Birkinshaw，2008a，2008b）。越来越多的研究开始关注程序公正性、私人关系、共享机制等无形资源对母子公司关系的影响，进而影响子公司对母公司战略决策的顺从度与执行力（Schmid et al.，2014），影响子公司开展主动行为的可能性。

（3）母子公司间的认知差异。母子公司间的“认知差异”指的是母子公司基于各自的立场，可能对同一问题产生不同的判断（张晓燕，2012）。母子公司往往对子公司的角色和地位有不同的认知，子公司可能会过高地估计了自己的价值。上述情况均会强化企业免疫系统对子公司创业行为的阻碍作用（Birkinshaw & Ridderstråle，1999）。相反地，母公司对子公司任务和环境的了解程度越高，意味着“母公司的卷入度”越高，母子公司间的认知差异越小，有利于子公司开展创业行为（Ciabuschi et al.，2012）。但这也可能导致子公司的独立性下降，难以获得开展创业行为的机会（Vahlne et al.，2012）。

总体上，子公司提高内部网络的嵌入程度，将会推进子公司创业行为的开展，并且，当子公司的创业活动对母公司、兄弟子公司或企业整体产生积极影响时，子公司有可能在母子公司网络中获得更有利的位置、拥有更大的话语权，甚至直接表现为获得更多的资源，即子公司的网络利益不断增加，又会驱使子公司提高其网络嵌入程度（武立东、黄海昕，2010），形成了一个关于子公司创业与内部嵌入性关系的良性循环（Birkinshaw，1997）。

2.3.2.2 外部嵌入性对子公司创业行为的影响

子公司外部嵌入性主要指的是子公司东道国商业环境的状况，可以从环境的宽裕性、复杂性与动荡性（戴维奇、魏江和林巧，2009）三个方面来分析。从环境宽裕性角度来看，如果子公司在东道国商业网络内的嵌入程度较高，特别是在当地市场中占据核心位置的时候，有利于子公司积累资源，形成“组织冗余”，也有利于子公司发现市场机会，实施主导行为。从复杂性角度分析，当子公司面对复杂环境时，为了提高适应性可能会主动寻找机会、把握机会进行创新与创业活动。当环境动荡性程度较高时，子公司所在市场的竞争情况越激烈，不确定性程度越高，可能迫使子公司开展主导行为以及时应对竞争对手的打击（Birkinshaw et al.，2005）。也有研究认为当地竞争环境越动荡，子公司面临的生存压力就越大，可能无暇从事创业活动（Birkinshaw，1999）。

相较于内部嵌入性对子公司创业行为的影响，外部嵌入性对子公司创业的影响因素主要集中在对东道国环境的考量，比较单一。可能是因为脱离跨国公司情境的子公司与东道国商业网络的互动，和单体企业与外部环境的互动并没有显著的不同，并且子公司外部创业的风险不仅在于创业活动的成功与否，还表现为子公司出于响应当地市场的需要而进行的创业活动，如果不能将其优势在跨国公司内部扩散，就很难获得母公司的支持（Andersson & Forsgren，2000）。

2.3.2.3　子公司自身条件对子公司创业行为的影响

（1）成长的动力使子公司有自主扩大经营范围与企业责任的动机。子公司拥有的资源与能力为子公司创业行为提供了机会（Birkinshaw，1997）。一旦子公司掌握了独特的资源与优势，就会降低对母公司的依赖，子公司就更有可能开展创业行动（Collinson & Wang，2012）。

（2）子公司经理人的个人素质。子公司经理人的前瞻性与创业精神会促使其不断改进目前的状况或努力创新（Birkinshaw，1998；Williams & Lee，2009）。子公司经理人的个人能力、经验、年龄、在职时间的长短甚至国籍等都被认为可能影响子公司的创业行为（Dörrenbächer & Geppert，2009）。那些能力出众的经理人往往实施创业行为的动机更强烈（Dörrenbächer & Geppert，2010），因为他们更希望借此受到重视和提拔。特别是子公司的 CEO，如果其个人动机强烈、能力突出，会对子公司创业行为产生强烈驱动（Dörrenbächer & Geppert，2010）。

（3）子公司的高管团队。高管团队的异质性越强，说明高管团队的互补性越强，越有可能开展有别于现有业务的创新与创业活动（Ferrier，2001）。异质性越强，说明高管团队的人脉越广泛，越有可能发现创业行为的机会并获得资源支持（Geletkanycz & Hambrick，1997）。

（4）子公司创业导向的企业文化（创业精神）。成功的创业行为往往得益于子公司内部全员的一致性认识与投入。若子公司的企业文化中对创造、创新、冒险等精神表示推崇，则更有益于子公司创业行为的开展（Birkinshaw，1998）。学习能力强、创造力强的子公司可能实践创业行为的频率更高①、效果更突出。创业精神突出的子公司，会积极关注环境的变化，通过主动创业行为来响应环境变化，迎合顾客需要。特别是当子公司高层管理团队具有卓越的创业精神时，更会鼓励员工勇于创新，并致力于营造鼓励创新、开拓进取的文化氛围（汪建康，2007）。另外，创业精神的强弱会影响创业资源的获取。② 具有较强创业精神的

① Williams，C.. Subsidiary - level Determinants of Global Initiatives in MNC［J］. Journal of International Management，2009（15）：92 - 104.

② 刘预. 创业导向对新创企业资源获取的影响［D］. 长春：吉林大学博士学位论文，2009.

企业会更为积极主动地寻求适当的创业资源；而创业精神偏弱的企业在获取资源方面的主动性和积极性也偏弱。

（5）子公司的自主权。子公司作为企业与外部环境对接的窗口，需要依据外部环境的变化及时进行调整，较低的自主权将阻碍子公司适时的改变与创新。当子公司自主权较低时，子公司可能被要求紧密配合整体战略（李崴，2008；王世权等，2012），这在一定程度上会限制子公司的营运自由，降低创业的可能性。相反，当子公司的自主权较高时，意味着子公司的经理人拥有较大的权力可以自主决策那些被认为可能会对整个企业有益的事情。这些经理人也因为感觉被信任而愿意承担一定风险进行创新创业实践（Birkinshaw，1999；Zahra，1999）。

（6）子公司的资源状况。曾志弘（2001）指出子公司资源与能力对其创新创业行为的影响主要有两方面原因：①较多的资源与能力使子公司可以增加其发现与执行创新的机会；②子公司资源的累积使子公司在跨国公司网络中较易被认可，从而提高其创业倾向。而资源外部取得、资源内部创造和内外资源整合是子公司资源积累的重要方式。

（7）子公司内部影响子公司创业的因素十分丰富，学者们的研究也涉及子公司的人、资源、文化等方面。但是这其中有许多因素是无法脱离子公司的内外部嵌入性而单独存在的。例如，子公司的自主权显然与子公司的内部嵌入性紧密相关；子公司的企业文化建设也必须与整体企业文化保持一致。子公司的资源冗余情况，不仅依靠子公司自身积累，也离不开子公司网络嵌入性这一重要资源来源。可以说，子公司内部要素对子公司创业行为的影响，反映了子公司与内外部网络互动的结果。

2.3.3 子公司创业影响因素研究述评

从上面的综述可见，子公司创业的影响因素研究已经取得了显著的进展，主要表现在以下两个方面：第一，分析框架已经建立。尽管不同学者对于影响子公司创业的因素的讨论是多样化的，但总体上可以从子公司的内部嵌入性、外部嵌入性和子公司内在要素三个方面展开分析。第二，理论视角不断拓展。早期研究者基于制度理论、代理理论及资源基础理论等视角分析公司创业的前因（戴维奇、魏江和林巧，2009）。最近，网络嵌入理论、认知理论等逐渐被应用于子公司创业的研究。但是，仍然存在以下不足。

2.3.3.1 子公司创业行为的发生机制未厘清

在对子公司创业的影响因素进行分析时，多数研究者直接提出并验证影响因素对公司创业活动的影响，未曾考虑其中的作用机理，这显然不利于深入认识公司创业的发生机制（戴维奇，2010），要想打开影响因素与公司创业之间的“黑箱”，还需要很大的努力。

2.3.3.2 对子公司网络嵌入性的情境因研究有待深入

长期以来，组织和管理学者都非常重视研究的“情境化”问题。在对某种现象或问题进行描述、理解与分析时，要充分考虑它所处的环境、事情发生时的情形（戴维奇，2010）。陈晓萍等（2012）认为两种不同类型的情境研究贡献了三种类型的管理知识，其中一类就是嵌入情境研究。

子公司作为母公司向外扩张的结点，同时嵌入在母子公司内部网络与当地商业网络中（Andersson & Forsgren，2007），既具备吸收外部知识的开放性，又有利用内部资源的便利性，同时还具备自主决策的可能性，有着天然的创业优势（Birkinshaw，1998）。只有根植于子公司网络嵌入性的研究才能体现出子公司创业行为与单体企业自主创新、创业活动的区别（刘丹，2017）。Yamin 和 Andersson（2011）在研究跨国公司子公司时指出，子公司与母公司存在地理距离、业务范围等差异，加之子公司有自我发展的动机，使子公司与母公司之间处于“组织隔离”的状态。组织隔离状态代表了母子公司间的异质性环境。组织隔离不仅使子公司有更多机会在当地获取资源，也能为子公司从母公司处获取资源创造条件。因为异质性环境下，母子公司之间的资源异质化程度更高，母子公司间资源的吸引力就越大。在组织隔离状态下，子公司的自主权变大，可能产生更强烈的创业动机。子公司的双重网络嵌入性也反映了子公司生存环境的多样性。多样性的环境为子公司提供了多样化的资源及多样化的学习机会（薛求知、侯仕军，2005），有利于子公司创业。而且子公司在地理区域、市场范围以及资源禀赋等方面的差异，也有利于子公司形成“特有优势”，为子公司创业行为提供了可能的条件。

上述学者都强调了子公司的网络嵌入性对子公司创业行为的影响。然而子公司的多重网络嵌入情境增加了研究的复杂性，也成为制约相关研究深入发展的因素。因此，在基于网络嵌入性的子公司创业研究中，既要“一往情深”，抓住主要的嵌入关系（如母子公司关系、子子公司关系）；又要“左顾右盼”，在深入分析某一嵌入关系对子公司创业行为的影响时，适当兼顾其他关系可能的影响。

2.3.3.3 缺乏大样本本土化子公司创业研究

以往大部分关于子公司创业问题的研究都聚焦于西方企业，多数采用欧美国家的企业样本。Tsui（2004）通过对中国学者的研究成果进行整理发现，绝大部分人都不约而同地采用西方已有理论来解释中国现象。在 Lin（2006）看来，这表明中国学者受强势的西方推理逻辑的影响颇深。然而，当我们把研究情境从发达国家转移到我国这种发展中国家或转型经济国家时，不仅那些能够影响子公司创业的因素可能发生变化，这些因素的影响力也可能与西方情境有很大不同。例如，在中国特定的文化背景下，母子公司关系可能更多地表现出“人和”的特点（李东升等，2020），子公司是不是会更积极地投入母子公司关系管理当中？子公司的创业行为是不是也会相应受到影响？我国学者在研究子公司创业、子公司的网络嵌入性问题时，多仿效西方研究，以海外企业在我国设置的子公司为研究对象，但是以我国本土子公司为对象的研究成果凤毛麟角（王世权等，2012），大样本实证研究更少之又少。这与当前我国本土子公司蓬勃发展的现状极不相符。针对中国特定情境的创业研究，不仅有利于解决我国企业创业实践中的实际问题，也有利于推动我国创业理论体系的完善与发展。① 为此，本书在吸收西方理论知识的同时，注意结合我国子公司创业的实践情况，收集我国子公司的实际数据，以期获得与当前我国企业实践吻合的研究结论。

2.4 注意力资源相关研究

2.4.1 资源与注意力资源的概念辨析

2.4.1.1 对资源的再认识

在早期的资源基础论观点中，资源被认为是一定时间以内，半永久性归属企

① 张玉利，曲阳，云乐鑫．基于中国情境的管理学研究与创业研究主题总结［J］．外国经济与管理，2014，36（1）：65－73.

业的有形和无形资产，它们既可能为企业带来优势也可能成为企业的劣势。[①] 在这个定义中，说明了资源的所有权问题，即资源必须被企业拥有；从资源的有用性来看，该定义认为资源可能发挥积极作用，也可能产生消极作用。后来的学者则认为资源应该是企业控制的、能够帮助企业提高效率与效应的所有资产、信息、知识、组织流程等，能力也是资源的一种（Barney，1991）。这个定义认为资源不一定要归企业所有，只要企业能够控制并为企业所用即可；从资源的有用性角度来看，该定义则强调资源必须是能给企业带来优势的、能够促进战略目标实现的有利资源。[②] 继 Barney 把能力作为一种资源以后，Grant（1991）指出资源与能力之间存在关键差别，各种资源只有相互结合才能发挥作用，这种组合资源用来完成某项任务的流程和手段才是能力。国内有学者认为企业有两类资源，分别是企业资产与潜能、技能。[③] 企业资产就是通常所提到的企业用来生产商品、服务的各项要素；潜能与技能则是指用以利用资产的各种技术、知识、方法等能力，能力也是一种资源。企业资产按照资产效能的本质可以分为两类：实效资产与隐效资产。[④]实效资产包括物质财产与设备、专利等能够直接、显著对企业绩效发挥积极作用的资产；隐效资产主要指的是能够间接地、潜在地、长期地对企业绩效产生正向影响的资源，像品牌、商标、信誉、企业文化、管理技巧与信息沟通系统等。[⑤]

从上述观点中可以看出，学者们均认可企业资源对企业成长的重要作用，但是对资源所有权的认识存在分歧，对资源的有用性意见也不统一，对资源与能力的关系认识也存在差异。本书认为，随着人们对社会网络的关注，资源不仅包括企业拥有的或者控制的，还应该包括企业能够对之施加影响的外部资源或社会资源。[⑥] 广义上讲，资源是能够为企业创造价值并帮助企业产生竞争优势的各种对象，包括宝贡敏教授所提到的隐效资源或称为不可见资源[⑦]的那些能够整合传统实效资源的能力。

---

① Wernerfelt, B.. A Resource Based View of Firm [J]. Strategic Management Journal, 1984, 5 (1): 171-180.

②④⑤ Barney, J.. Strategic Factor Markets: Expectations, Luck, and Business Strategy [J]. Management Science, 1986, 32 (10): 1231-1241.

③ 宝贡敏. 现代企业战略管理 [M]. 郑州：河南人民出版社，2001.

⑥ 罗辉道，项保华. 资源概念与分类研究 [J]. 科研管理，2005，26 (4)：99-104.

⑦ Stonham, P.. Leaders: Surviving the Telecoms Jungle [J]. Economist, 1998 (4): 13-14.

2.4.1.2 注意力资源

最早提出注意力概念的学者是西蒙（Simon，1947）。他在研究经理人在企业决策中的作用时指出，人是“有限理性”而非“完全理性”的。基于有限理性，管理者总是会依据自己的知识结构、经验、社会背景、个人偏好等条件对事物（信息）进行选择性关注。[①] 因此，对组织而言，处理信息的能力才是组织最稀缺的资源，这种能力远比信息本身更重要。特别是在大型企业当中，母公司的决策者每天面对大量繁杂的信息，在选择性认知的引导下，只能选择性地关注部分信息。Ocasio（1997）提出了企业的注意力基础观。[②] 注意力基础观认为决策者的注意力聚焦于哪类问题、哪个部门或者哪些人，就会做出与之相关的决策。注意力是决策者为理解组织环境、确定组织战略所付出的时间和精力，是一个关注问题、认识问题、解释问题、确定焦点并解决问题的过程。Simon 强调的是决策者的个人特征对注意力配置的影响，而 Ocasio 尽管也认为企业决策受决策者个人注意力配置影响，但是却强调决策者的注意力配置策略不仅受决策者的个人特征影响，决策者面对的组织环境以及他们对环境的认知也会影响注意力的配置，解释企业行为就是解释企业如何配置和管理其决策者的注意力问题（刘景江、王文星，2014）。

依据 Barney（1991）对资源的判断标准，企业注意力也是一种资源。第一，注意力的配置方向与结构影响企业战略目标的实现，具有价值性。第二，决策者的“有限理性”与信息的过剩共同造成了注意力的稀缺性。第三，在企业组织中，只有拥有决策权的决策者才能通过注意力配置影响企业行为，因此决策群体的注意力对企业而言是不可替代的。第四，由于注意力的配置会受到决策情境的影响，即使是同样的决策者在不同的情境中制定相同的注意力配置策略，其执行效果也会因情境变化而不同。因此，注意力是不能完全被模仿的。综上所述，决策者的注意力是企业中的无形资源，能够对企业绩效产生潜在的、间接的影响，属于隐效资源（宝贡敏，2001）。

---

① 刘景江，王文星．管理者注意力研究：一个最新综述［J］．浙江大学学报（人文社会科学版），2014，44（2）：78－87.

② Ocasio，W.．Towards an Attention－based View of the Firm［J］．Strategic Manament Journal，1997，18（51）：187－206.

2.4.2 注意力配置的影响因素研究

2011 年《战略管理杂志》（*Strategic Management Journal*）的“战略管理的心理学基础”专刊上，Powell、Lovallo 和 Fox 发表了题为《行为战略》（*Behavioral Strategy*）的主题论文①，引起了广泛反响。行为战略是认知和社会心理学与战略管理理论的结合，其目标是在传统战略管理中引入人类认知、情感和社会行为的真实假设，从而丰富并拓展战略管理相关研究。② 注意力理论就是行为战略理论当中备受关注的内容，研究的是决策者的个人认知、情感与企业行为相联系引发的行为后果。因此，可以判断企业行为要素与决策者要素均会影响企业注意力配置策略。Ocasio（2011）在文章中对注意力理论的元理论进行了分析，并指出企业行为理论、管理者认知理论、注意力基础观、议题营销与注意力生态观均从不同的角度对注意力的配置进行了阐释。受此启发，本书从以下方面分析影响注意力配置的因素。

第一，目标完成的压力影响注意力配置。依据企业行为理论，当企业未能实现既定目标时，决策者便会迫于压力产生注意性施加行为，对未完成任务的单位特别关注。但这种关注可能是监督性的、压迫性的，严格意义上讲并不是支持性的注意。

第二，业务单元的任务与母公司战略目标的相关程度会影响注意力配置。管理者认知理论认为管理者会主动关注与企业战略目标密切相关的任务和活动。虽然与企业行为理论同样基于注意力的选择性特征，但却强调主动的选择性注意。Bouquet 和 Birkinshaw（2008b）曾用“Weight”一词来描述这种情况，认为子公司的任务与母公司战略目标的相关度高说明其“Weight”值很高，容易得到母公司的关注。

第三，情境要素影响注意力配置。企业注意力基础观指出注意力的配置应遵循以下三个原则。首先是注意力聚焦原则：决策者做出什么决策，取决于他们把注意力集中在哪些问题上。其次是注意力情境化原则：决策者关注哪些问题以及

---

① Powell, T. C., Lovallo, D., Fox, C. R.. Behavioral Strategy [J]. Strategic Management Journal, 2011, 32 (13): 1369 - 1386.

② 吴建祖，曾宪聚. 行为战略：认知和社会心理学与战略管理的结合 [J]. 管理学家（学术版），2012 (3): 72 - 79.

做出何种决策，取决于他们所处的特定环境和背景。最后是注意力结构性分布原则：决策者会依据所处的特定环境和背景，结合企业的规则、资源及社会关系，将注意力在特定的活动、程序和沟通渠道中结构化分布或配置。①

第四，注意力需求方的积极争取会影响注意力配置。从注意力生态观的角度来看，由于母公司注意力资源的稀缺性，迫使各子公司相互竞争以获得注意力。借鉴议题营销理论的观点，要想在竞争中脱颖而出，则子公司需要有值得母公司关注的“议题”。在 Bouquet 和 Birkinshaw（2008b）的研究中，用“Voice”表示子公司的议题营销策略。子公司的良好业绩、口碑、创造性活动、发展目标等都可以成为吸引母公司注意力的“议题”。然而有好的议题仅仅是成功的开始，如何保证母公司能够准确理解该议题才是注意力资源获取的关键。因此，一切有助于母子公司间互动交流的手段与工具都能在此过程中发挥作用。高效的沟通机制、良好的私人关系、相互信任、共享机制、母子公司间的人员流动等都是提高沟通质量、传播子公司“Voice”的有效方法。

总之，注意力的分配方与注意力的需求方均能对注意力资源的分配过程产生影响。对于需求方而言，了解决策者配置注意力资源的原则与方向，就能够有的放矢，对症下药，能更有效地争取到上级的注意力。而决策者作为注意力资源的持有者，为企业整体利益考虑，既要兼顾现有核心业务，又应适度关注有发展潜力的新兴业务。注意力资源的配置应该是审慎的，是能够统揽全局的，是战略导向的（Abrahamson & Hambrick，1997；Ocasio，1997）。

2.4.3 母公司注意力资源的研究价值述评

虽然注意力学说正式出现于 20 世纪末，但是在母子公司（以跨国公司为代表）相关研究中却早就认识到母公司应该对全球子公司的新行为、新思路给予充分关注（Prahalad & Doz，1987；Bartlett & Ghoshal，1989；Doz，Santos and Williamson，2001）。以 Bouquet 和 Birkinshaw 为代表的一批学者从 2005 年开始对母子公司网络内的母公司注意力问题进行研究，并发表了一系列高质量、高影响力的文章。

---

① Ocasio，W.. Towards an Attention - based View of the Firm［J］. Strategic Manament Journal，1997，18（51）：187 - 206.

"母公司注意力（Headquarter's Attention）"是母公司对子公司的积极的、支持性的关注，而非敌意的、监控性的关注。[①] 母公司的注意力资源对于子公司而言是一种支持性资源，而非监督或控制资源。母公司的注意力资源是一种相对性资源，每个子公司获取的注意力资源可以相互比较，具有相对大小。母公司的注意力资源是一种可见性资源，能够从母公司行为中体现（Bouquet & Birkinshaw, 2008）。例如，在企业的报告、会议中出现频次高的子公司一定程度上能够说明获得母公司的关注程度高。对母公司注意力资源的研究具有以下理论与实践意义。

2.4.3.1　*母公司注意力是子公司必要的稀缺资源*

正如议题推销理论探讨的企业中层管理人员想方设法获得高层管理者的注意力一样，在母子公司制组织内，母公司注意力资源的稀缺性导致子公司争取母公司注意力资源的现实问题。这是由三个方面的原因造成的：

第一，母公司注意力资源的特点决定了注意力资源的稀缺性。注意力资源具有选择性、可转移性的特点（吴建祖等，2009）。随着企业规模的不断扩大，母公司每天接受的信息越来越多，但受制于"有限理性"（张晓燕，2012），母公司处理信息的能力是有限的，需要在丰富的信息中进行选择性关注。另外，即使子公司暂时赢得了母公司注意力资源，也不是一劳永逸的，因为注意力资源受到其他信息的吸引会发生转移。也就是说，信息的丰富性造成了注意力资源的稀缺性，母子公司网络规模不断扩张的客观情况造成了子公司争夺母公司注意力资源的必然性。

第二，母公司高管的局限性造成了母公司注意力资源的紧缺。注意力资源与常规资源的不同在于其隐效性，并且依附于行为主体存在。母公司高管的民族优越感（Ethnocentric Thinking）与扎堆效应（Herd Mentality）都会阻碍母公司注意力的有效配置。[②] 民族优越感指的是高管们在评估子公司的成绩或者分配资源时，总是倾向于认为母国经营的子公司更优秀，不看好那些海外的合资企业。扎堆效应指的是母公司高管总是乐于关注那些被竞争者高度关注的市场。这既可以

① Birkinshaw, J. . Entrepreneurship in Multinational Corporations: The Characteristics of Subsidiary Initiatives [J] . Strategic Management Journal, 1997 (18): 207 – 229.

② Bouquet, C. , Birkinshaw, J. . The Dynamics of Attention Markets in Multinational Enterprises [J] . Advances in International Management, 2009 (22): 27 – 54.

看作响应市场的倾向，也是母公司高管维护自身职业安全的倾向。民族优越感与扎堆效应加剧了母公司注意力配置的失衡，使母公司可能错失重要的市场机会。

第三，母公司注意力资源的配置方式影响子公司资源获取的方向、结构与速率。① 通常情况下，母公司会优先关注那些与整体战略目标密切相关的行为、会议与文件。因此，那些处于网络核心位置的、在母公司战略中担当重要角色的子公司会优先获得关注。② 而由于母公司的时间与精力的有限性，则另外的子公司们为了使自己的业务、计划、战略等关乎企业当下与未来成长的事务能够获得相应的资源、身份与地位，必然要对母公司注意力资源展开竞争。

2.4.3.2 母公司注意力已被证实会对子公司成长产生积极影响

在 Plourde、Parker 和 Schaan（2014）的研究中指出子公司获取母公司的注意力有利于提高其地位的合法合理性（Legitimacy），进而提高子公司在内部网络的影响力。换句话说，母公司注意力资源的配置会影响子公司在内部网络的位置资源。这一点对于那些原本没有优势的位微言轻的子公司特别重要（Bouquet & Birkinshaw，2008a）。对于那些本来就占据重要网络位置的子公司而言，其获取母公司关注的目的则可能是为了占领内部战略网络的中心（Bouquet & Birkinshaw，2008a）。除了提高子公司的影响力以外，获取更多的常规资源也是子公司积极争取母公司注意力资源的原因。Bouquet 和 Birkinshaw（2008）指出子公司为了让母公司认可自己的成就或是为了从母公司处获得更多的资源都会努力赢得母公司的关注。③ 母公司的关注对子公司绩效的影响也是存在的。在 Ambos、Andersson 和 Birkinshaw（2010）的文章中发现，母公司的关注对子公司的财务绩效和管理绩效的直接作用虽然是积极的，但却不具备统计意义上的显著性。但是子公司的自主权、子公司的创业行为和子公司在集团内部的权力对上述两者关系有正向调节作用。换句话说，当子公司的自主权较高时，母公司对子公司的关注会正向影响子公司绩效。当子公司的创业活动较为突出时，母公司对子公司的关注也会对子公司绩效产生积极的影响。总体上看，母公司注意力资源能够为子公

---

① 汪丁丁．“注意力”的经济学描述［J］．经济研究，2000（10）：67－72.

② Bouquet，C.，Birkinshaw，J.．How Global Strategies Emerge：An Attention Perspective［J］．Global Strategy Journal，2011（1）：243－262.

③ Bouquet，C.，Birkinshaw，J.．Managing Power in the Multinational Corporation：How Low－power Actors Gain Influence［J］．Journal of Management，2008a，34（3）：477－508.

司的成长带来积极的支持。但是，子公司获得母公司注意力却不是越多越好。实证研究表明太多或太少来自母公司的关注都不利于子公司绩效的提高。① 来自母公司的关注太少则说明子公司不易获得母公司的各种支持性资源，来自母公司较多的关注意味着子公司的自主权可能下降，显然也是不利的。

2.4.3.3 母公司注意力的引入有助于厘清子公司创业行为的发生过程

在对子公司创业相关文献进行归纳整理中发现，在分析子公司创业的影响因素的过程中，许多研究者都采用了“黑箱方法”，即设置影响因素并验证其对子公司创业活动的直接效应，缺乏有关内在机理的讨论（戴维奇，2010）。母公司注意力学说为我们理解子公司创业过程提供了一个思路。就目前关于母公司注意力资源的相关研究成果来看，母公司注意力资源会有助于子公司获取更多的资源（Bouquet & Birkinshaw，2008），而资源是子公司创业的必要条件。也有研究对子公司怎样才能赢得注意力资源进行了讨论。从子公司的角度来看，能够获取注意力资源的多寡除了受到客观的区位、功能及规模等因素的影响，子公司还可通过主动的创新行为、积极沟通等方式不断构建自己的良好形象以争取更多的关注。这些研究成果使我们有理由推断母子公司关系嵌入性会影响子公司对注意力资源的获取，并通过资源获取机制对子公司创业行为产生影响。

2.4.3.4 在母子公司情境中引入注意力概念是对注意力研究的补充

现有大多数关于注意力的理论研究关注由战略目标、高管身份与认知模式或行动逻辑所驱动的自上而下的注意力配置过程，较少关注由注意力接收方或外部环境驱动的自下而上的过程。② 自上而下的注意力配置逻辑，隐含的前提假设是管理者主动认知理论，通俗来讲就是“管理者主动关注什么，就会影响什么”，因此基于该视角的注意力研究皆是验证管理者关注的内容或议题对该内容或议题的影响，侧重的是注意力配置的结果研究，不关心注意力从何而来的问题。自下而上的注意力获取逻辑，隐含的前提假设则是注意力生态观与议题营销理论，也就是认为注意力的选择性与可转移性导致了注意力资源的竞争性，注意力接收方需要采取措施、制造“议题”，争取获得注意力资源。自然地，基于该视角的注

① Bouquet, C., Morrison, A., Birkinshaw, J. International Attention and Multinational Enterprise Performance [J]. Journal of International Business Studies, 2009 (40): 108 - 131.

② 吴建祖，曾宪聚. 关注注意力：定义、元理论和经验证据 [J]. 管理学家（学术版），2011 (11): 76 - 80.

意力研究，侧重的是注意力获取的前因研究，关注的是注意力为何而来的问题，即怎样才能获取注意力资源。在注意力研究的发展过程中，正是由于认可自上而下的注意力配置策略对企业行为带来的积极影响，才会有学者们对于自下而上的注意力获取策略的探讨。

子公司对母公司注意力资源的争取则反映了自下而上的主动索取过程，是对现有研究的补充。虽然注意力的配置方式决定了资源获取的方向、结构、速率①，但已有研究却多探讨了注意力指向的对象、内容或结果，对于哪些因素能够影响注意力的配置研究的并不多，研究结论也未形成共识。然而，理解组织如何配置并管理决策者的注意力是预测和解释组织行为的关键。② 联系本书的研究思路，尝试从母子公司关系嵌入性的角度解答此问题，拓展了相关研究的范围。

2.5 本章小结

本章就子公司、子公司网络嵌入性、子公司创业行为及子公司资源获取等与本书密切联系的理论研究进展进行了综述。随着企业规模的增长以及响应市场的压力变大，子公司在整体企业中的地位与作用发生了变化，使子公司创业活动成为可能。子公司创业行为就是子公司主动求新求变的过程，其最终仍以有益于整体企业为目标。目前这一课题的相关研究还很不充分，已有的研究成果多是以跨国公司的海外子公司作为研究对象，不能直接借鉴到我国的商业情境中。而我国学者在这一领域开展的研究还刚刚开始，也缺少大样本实证调查的支持。创业过程与资源获取过程紧密联系，创业资源获取的相关研究多以吸引资源为前提，因为资源吸引比资源购买更依赖社会网络关系，更需要企业的主动性和创业精神。依据网络嵌入理论，子公司同时嵌入在母子公司（跨国公司）网络与子公司当

① 汪丁丁．“注意力”的经济学描述［J］．经济研究，2000（10）：67-72.

② 刘景江，王文星．管理者注意力研究：一个最新综述［J］．浙江大学学报（人文社会科学版），2014，44（2）：78-87.

地商业网络中。这种“双重”网络嵌入性既是子公司赖以生存的环境，也为子公司生存与发展提供了有别于单体企业的情境，为子公司提供了天然的创业优势。学者们关注较多的还是子公司在当地商业网络中的嵌入性，对子公司的内部嵌入性研究则遇到了一些阻碍。特别是对于内部嵌入性界定不清，导致母子公司网络、子子公司网络交织在一起研究，造成了研究结论的模糊。既有研究既为本书提供了理论依据又指明了研究方向。子公司创业需要资源，子公司的网络嵌入性是子公司创业资源的重要来源，母公司更是掌握了大量的资源。在母子公司结构内，母公司注意力资源对子公司而言是稀缺而重要的隐效资源，传统的物质资源、知识、技术、品牌、市场等资源可看作常规资源。不论是母公司注意力资源还是各种常规资源都会对子公司创业行为产生影响。在本书中引入“母公司注意力资源”这一变量，有助于厘清子公司创业行为的发生过程，对注意力理论的发展也有积极作用。

第3章 理论假设推演与模型构建

3.1 核心概念的维度划分

3.1.1 母子公司关系嵌入性的维度划分

母子公司关系嵌入性是母子公司间的社会联系，重视关系质量、互动过程与持久性。早期研究关系嵌入性的学者们从不同的角度对关系嵌入性包含的结构与内容提出了自己的观点。Granovetter（1973，1985）认为关系嵌入强度可以通过相处时间、私人感情、信任程度以及互惠互利四个方面反映。Kale、Singh 和 Perlmutter（2001）认为关系可以用结点间的社会关系联结强度、相互之间的信任水平和他们分享共同的价值观与流程的程度来刻画和描述。[①] 还有学者认为企业间的关系嵌入主要表现为信息分享、信任与共同解决问题三个方面，企业间主要通过这三种机制影响彼此（Uzzi，1996，1997；Mcevily & Marcus，2005）。Mahnke（2007）则持两维度观点，从关系紧密性和关系信任两个维度考察组织间的关系嵌入性。Chang（2002）的观点与前面几位学者相差不多，指出信任、承诺和关系紧密性是关系嵌入性中的三个重要维度，并进一步发现信任已经成为关系嵌入

① Kale，R.，Singh，H.，Perlmutter，H.. Learning and Protection of Proprietary Assets in Strategic Alliances：Building Relational Capital［J］. Strategic Management Journal，2000，21（3）：217－237.

研究中最常见、最主要的内容。Dhanaraj 等（2004）在母子公司情境中针对母子公司关系嵌入性的特点，选取了联结强度、信任和共享的价值观念三个维度以反映母子公司关系嵌入性的强度。我国学者也对母子公司关系嵌入性进行了一些探讨。张慧（2007）从信任、承诺与关系的紧密性三个维度分析了子公司的网络关系嵌入性。刘晓娜（2010）在研究子公司与跨国母公司关系嵌入性时采用了信任、关系的紧密性与共享机制三个变量。李京勋等（2012）三位学者则用母子公司管理者之间的信任和沟通频率反映他们之间的关系特点。

从现有文献中发现，母子公司关系嵌入的内涵十分丰富，学者们大多围绕关系嵌入的特征表现进行测度。信任、关系的紧密性、共享机制、承诺及沟通等指标是被广泛探讨的。本书选取了信任、关系的紧密性与共享机制三个维度来表征母子公司关系嵌入性的强度。

3.1.1.1 母公司的信任

经济活动应该包含人际互动和信任问题，信任关系是关系嵌入的核心议题[①]，是预测组织间和组织内合作关系的最基本、最重要的因素[②]。信任有利于实现通过市场关系不易转移的关键资源和信息的交换（Lin，2006）。母公司的信任是指母公司基于对子公司的一种正面期望，认为子公司的行为不会损害自己的利益，甚至会有利于自己的利益（Uzzi，1997），更不会利用自己的弱点（Steensma & Lyles，2000），因而母公司更愿意分配资源给子公司或者通过沟通机制解决双方间的问题而不是强制安排。对于子公司而言，"信任"被认为是母公司给予子公司的重要支持。[③] 获得母公司的信任，有可能带来更大的自主权、更多的支持及更丰富的资源，为子公司创业提供支持，甚至可能为子公司赢得更重要的网络位置，改善其角色地位。在基于社会网络视角的母子公司关系研究中，

① Granovetter，M.. The Impact of Social Structure on Economic Outcomes [J]. Journal of Economic Perspectives，2005，19（1）：33－50.

② Lin，H. M.. Interorganizational Collaboration，Soial Embeddedness，and Value Creation：A Theoretical Analysis [J]. International Journal of Management，2006，23（3）：548－559.

③ Rugman，A. M.，Verbeke，A.. The Theory and Practice of Regional Strategy：A Response to Osegowitsch and Sammartino [J]. Journal of International Business Studies，2008（39）：326－332.

信任是辨别母子公司关系质量的关键特征。①

3.1.1.2 母子公司关系的紧密性

Granovetter（2005）界定关系嵌入中互动的频率、感情强度是关系的紧密性。Gulati（1998）认为嵌入程度可以由个体成员在其网络关系里联结的紧密性来说明。与其他成员间联结越紧密，正式或非正式的互动就会越频繁，越可能增近成员间的亲密感，也越有利于信息的交换与交流（Uzzi，1996）。因此，Reily和Scott（2012）认为，关系强度可以采用组织间互动的频率来反映，紧密性体现了两个企业之间频繁的接触、多阶纽带和亲密的个人关系。从这些论述中发现，关系的紧密性与组织间的互动和沟通情况是分不开的，但是关系的紧密性不仅能反映沟通的效率，也能体现沟通的效果。关系的紧密性不仅表现为母子公司间频繁的互动沟通，更重要的是在互动沟通的过程中双方关系的质量，特别是私人关系的质量。母子公司关系紧密性特征包含了母子公司间的正式与非正式沟通、管理者间的私人关系等多个方面的联结程度（张慧，2007）。

3.1.1.3 母子公司间的共享机制

除了信任和关系紧密性两个维度外，关系嵌入还有一个非常重要的维度：共享机制（Shared System）。母子公司间的共享机制包括共同的流程、共同的制度和共享价值观。② 在社会资本的三维度说中，除了结构维度和关系维度外，另外一个重要的维度则是认知维度，是指行动者之间在互动中相互之间呈现出来的相同表现、共同解释以及共享的含义机制等。共享机制与社会资本的认知维度在一定程度上具有相似的内涵，共享的价值观念是共享机制的深层次要求。Dyer和Nobeoka（2000）认为，共享的制度和价值观是通过社会化过程产生的，通过对各种活动的共同认知和统一解释磨合而来的。也有学者用“规范整合度（Normative Integration）”表达了类似的含义③，并用来测量跨国公司内部关系（Lin，

---

① Huemer, L., Boström, G-O., Felzensztein, C.. Control-trust Interplays and the Influence Paradox: A Comparative Study of MNC-subsidiary Relationships [J]. Industrial Marketing Management, 2009, 38 (5): 520-528.

② Dhanaraj, C., Alyles, M., Steensma, K. H.. Managing Tacit and Explicit Knowledge Transfer in IJVs: The Role of Relational Embeddedness and the Impact on Performane [J]. Journal of International Business Studies, 2004, 35 (5): 428-442.

③ Tsai, W., Ghoshal, S.. Social Capital and Value Creation: The Role of Intrafirm Networks [J]. Academy of Management Journal, 1998, 41 (4): 464-476.

2006)。本书统一用“共享机制”维度表示。概括起来，母子公司的共享机制应该包括母子公司的共同目标以及为实现该目标所做的共同努力。这些努力既包括共同的工作规范与流程，更应反映母公司对子公司社会化的过程，表现为共享的价值观念和管理哲学及对共同目标的理解与认可程度。

综合以上分析，本书把母子公司关系嵌入性划分为信任、关系紧密性与共享机制三个维度，它们在概念边界上是清晰的，在含义上是独立的，能共同反映出母子公司关系的质量、互动和长期稳定性。

3.1.2 子公司创业的维度划分

对子公司创业的多维性认识主要依据于学者们对公司创业活动的认识。对公司创业活动的维度划分主要依据创业内容、创业过程、创业活动的激烈程度、创业活动的组织边界、创业活动的发起方等方面展开。

3.1.2.1 依据公司创业内容划分

Vesper (1989) 认为公司创业活动包括开拓新业务、自下而上的不断进取以及战略更新三个方面。Guth 和 Ginsberg (1990) 特别强调了公司创业是既有企业的创业活动，包括开展新业务、组织变革与战略更新。Zahra (1991, 1999) 的研究成果采用了内部创新、新业务开拓和战略更新的维度划分，并开发了相应的量表对公司创业活动进行度量，被后来的研究者们广泛使用。Zahra 的学生 Hayton (2005) 对此种划分方法进行了改良，由于他的研究对象为高新技术企业，而他认为高新技术企业中很少出现战略更新的现象，因此采用了内部创新与新业务开拓两个维度。在我国，薛红志和张玉利 (2003) 较早认为公司创业包括开拓新事业与战略更新两个维度，这两个维度既相互关联又存在明显差异。

3.1.2.2 依据公司创业过程划分

早期的研究认为公司创业过程包括六个阶段，依次是构想新业务、选择新业务、启动新业务、监控新业务、推进新业务及总结提升新业务 (Low & MacMillan, 1988)。Naman 和 Slevin (1993) 的划分更简明一些，他们认为公司创业过程包括寻找新机会、开发新产品或服务、将新业务与现有战略融合三个阶段。具体到子公司创业过程，Birkinshaw (1997) 认为应包括三个步骤：一是子公司识别创业机会；二是子公司向母公司推销自己的创业想法并被认可；三是子公司获得创业资源并实施主导创业行为。关于寻找机会、寻求支持和获得资源承诺的三段式划分只能反映子公司主导行为实施阶段的特点，不能体现子公司追求主导行为的起因及行为结果（Strutzenberger & Ambos，2013），因此有学者采用了更为概括的提法把子公司主导行为过程概括为三个阶段：子公司主导行为的动因（Antecedents）、子公司主导行为的实施过程（Implementation）及子公司主导行为的结果与产出（Outcomes）（Strutzenberger & Ambos，2013）。

3.1.2.3 依据创业活动的激烈程度划分

Simsek 等（2003）在关于网络嵌入对公司创业行为的影响机制的研究中，根据创业引发的变革程度把创业行为分成渐进式创业（Incremental Entrepreneurial Behavior）与激进式创业（Radical Entrepreneurial Behavior）两种类型。蒋春燕和赵曙明（2006）也认同他们的观点。渐进式公司创业表现为加强和升级现有产品与市场的战略导向；激进式公司创业表现为开拓全新产品和市场的战略导向。渐进式创业与激进式创业反映了不同程度的创新性、风险承担性及超前行动的倾向。[①] 通常认为，激进型创业比渐进型创业表现出更强的创业精神及进取性。

3.1.2.4 依据创业活动的组织边界划分

若是按照创业的发起方不同，则可以把大企业的创业行为分为母公司创业与子公司创业。在跨国公司实践中，公司创业主要可分为内部公司创业和外部公司创业。[②] 据此，Birkinshaw（1997）也把子公司创业行为分为内部创业行为与外部创业行为。内部创业行为指的是针对跨国公司内部的市场机会发生的创业行为，也被称为内部网络优化[③]，往往更依赖母公司的支持。外部创业行为针对的是子公司经营地的市场机会，侧重于发展市场。由于母公司可能无法识别子公司当地的环境条件，因此外部创业行为中子公司的自主权更大。[④] 此外，子公司对其现有产品线进行改进发展也是内部创业行为的表现之一。Schmid 等（2014）

① 杜海东，张锦．公司创业精神对创业绩效的影响路径——基于珠三角公司的实证研究［J］．科研管理，2013，34（3）：50－57.

② 薛红志，张玉利．公司创业研究评述——国外创业研究新进展［J］．外国经济与管理，2003，25（11）：7－11.

③ Ambos，T. C.，Andersson，U.，Birkinshaw，J.. What Are the Consequences of Initiative－taking in Multinational Subsidiaries?［J］. Journal of International Business Studies，2010（41）：1099－1118.

④ Schmid，S.，Dzedek，L. D.，Lehrer，M.. From Rocking the Boat to Wagging the Dog：A Literature Review of Subsidiary Initiative Research and Integrative Framework［J］. Journal of International Management，2014（20）：201－218.

将子公司创业行为分为市场型创业行为与组织型创业行为。市场型创业行为指的是能够引发子公司市场发生剧烈变动的创业行为，侧重外部创业行为；而组织型创业行为指的是会促使跨国公司内部组织结构发生变动的创业行为，主要指的是内部创业行为。

3.1.2.5　依据创业活动的发起方划分

公司创业活动可能由上级发起，也可能由员工自发进行。因此，依据不同的发起方，公司创业活动可以分为正式和非正式两类。[①] 正式的公司创业活动是由管理层出于某种战略需要发起并努力推动的，体现了自上而下的管理逻辑。而非正式的创业活动指的是员工自发进行的创新活动，体现了自下而上的管理逻辑。在母子公司制企业中，由母公司发起的公司创业活动为正式创业活动，由子公司自发组织的创业活动为非正式创业活动。我国学者刘汝翠和金洁（2007）把公司创业分为引导型公司创业与自发型公司创业两种。[②] 引导型公司创业对应的是自上而下的创业过程，自发型公司创业则指的是由位于金字塔下部的个人或组织发起的自下而上的创业活动。

结合上述分析，本书界定子公司创业为子公司主动发起的创业活动，即子公司自发型创业，而把那些由母公司分配给子公司的创业任务隔离开来，特别强调子公司的主动创业精神。在后面的分析中，本书将子公司创业分为外部创业与内部创业。已有研究证明外部创业与内部创业对创业资源的依赖程度不同。[③] 基于资源依赖理论可以推断，子公司的资源获取状况对上述两种创业形式的影响也是有差异的。这就构成了本书的立论依据之一。内部创业更倾向于渐进型创业，外部创业更倾向于激进型创业。因此，内部创业（渐进型创业）可能更多的是创业型改造或提高集团内部市场的效率；而外部创业（激进型创业）则是子公司为了适应外部市场而采取的外部创业活动。

3.1.3　子公司资源获取的维度划分

资源获取指的是企业或其管理者采用各种方式获得企业所需资源的过程（马

① Burgelman, R.. Intraorganizational Ecology of Strategy Making and Organizational Adaptation: Theory and Field Research [J]. Organization Science, 1991 (2): 239 – 262.

② 刘汝翠，金洁. 公司创业的形成机制研究 [J]. 科技创业月刊，2007 (4): 54 – 55.

③ Peteraff, M. A.. The Cornerstones of Competitive Advantage: A Resource – based View [J]. Strategic Management Journal, 1993, 14 (3): 179 – 192.

鸿佳等，2008）。企业可以通过外部获得资源和内部积累资源两种渠道实现，其中外部获得资源又可以分为资源购买和资源吸引（尹苗苗，2012）。

内部资源积累是指企业利用现有资源在企业内部培育所形成的资源，包括自建厂房、装置、设备，企业内部研发、员工培训、自我积累获取资金等方式。[①] 外部获得资源指的是企业依靠自身的初始财务资源从外部要素市场中获取资源的过程（Barney，1986）。是否购买资源受资源的可得性、购买成本与速度等因素的影响（Sirmon et al.，2007）。不论是内部资源积累还是外部获得资源都受到企业原有资源丰裕程度的限制，这对于创业型企业而言不是一件容易的事。从企业外吸引资源是一种相对高效的资源获取方式[②]，是创业企业通过使用非财务资源而从外界获得资源的过程（尹苗苗，2012）。相对于资源积累与资源购买的资源获取方式，吸引资源对初始资源的依赖要小，但是对创业企业的关系网络要求更高，对企业表现出的创业态度和企业形象也要求更高，吸引资源需要创业企业更强的进取精神和主动性。

本书将子公司资源获取界定为子公司吸引母公司资源的过程，指的是子公司从母公司处依靠非财务资源获得创业资源的过程。母公司注意力资源被证明能够对子公司创业行为产生积极影响，具备价值性。母公司接触的信息繁杂而精力有限，决定了母公司注意力资源的稀缺性。母公司在母子公司结构体内部拥有独特的地位与作用，母公司的注意力资源具有唯一性、不可替代性，更不可能被模仿，满足战略性资源的价值性、稀缺性、不可替代性和不完全模仿性四个属性（Barney，1991）。因此可以说，母公司注意力资源是母公司拥有的、子公司可利用的、必需的战略性资源。为了与通常提到的资源有所区别，本书依据实效资源与隐效资源（宝贡敏，2001）的观点，把资源分为常规资源与母公司注意力资源，注意力资源即为隐效资源，又是隶属于母公司的主观资源[③]，区别于常规资源的客观性和实效性。传统的人力、财力、物力、信息、技术与知识、品牌、商誉等资源均属于常规资源的范畴。对应于此，子公司的资源获取划分为母公司注

---

① 张君立，蔡莉，朱秀梅．社会网络、资源获取与新创企业绩效关系研究［J］．工业技术经济，2008，27（5）：87－90.

② Bowman，C.，Collier，N.．A Contingency Approach to Resource－creation Processes［J］．International Journal of Management Reviews，2006，8（4）：191－211.

③ 王宗胜，李腊生．注意力配置的经济学分析［J］．中国工业经济，2007（9）：96－102.

意力资源获取与常规资源获取。

3.2　母子公司关系嵌入性对子公司资源获取的影响

3.2.1　母子公司关系嵌入性对子公司注意力资源获取的影响

当我们把注意力理论应用在母子公司研究中就会发现，虽然注意力资源的配置会受到母公司这个决策单位的结构特点、战略目标等因素的影响，但是作为注意力资源的接收者——子公司，也不是被动接收的，是可以主动争取的，这也是既有研究中已经证明的（Bouquet & Birkinshaw，2008b）自下而上的注意力获取过程。依据注意力基础观，注意力的分配会受到企业的资源状况、社会关系及特定情境的影响。子公司可以从组织情境方面着手促成母公司的选择性注意，从而驱动子公司创业。子公司组织情境的特点来自于其双重网络嵌入性。内部嵌入性反映了子公司与母公司的关系以及子公司之间的关系。母公司是注意力资源的提供者，母子公司关系会影响到子公司获取注意力资源。联系议题营销的观点，子公司可以想方设法向母公司推销自己的“议题”，以期被母公司关注。因此，有利于改善母子公司关系、增进母子公司感情、促进交流与共享的办法都会对子公司获取注意力资源产生帮助。以下因素已经被证明能够有助于子公司获取注意力资源。

3.2.1.1　子公司在母子公司网络中的地位与作用

基于管理者认知理论，管理者会主动关注那些与企业战略目标密切相关的任务与活动。因此，母公司对子公司的注意力配置，受到子公司在跨国公司内部地位的重要程度影响（Bouquet & Birkinshaw，2008b）。子公司的网络位置越优越，说明其地位越重要，与母公司的战略目标相关度越高，越拥有获得母公司注意力资源的先天优势。母公司出于对自身业务的关心，必然会给予此类子公司更多的关注。

3.2.1.2　子公司与母公司的密切沟通

顺畅的沟通有利于维持与改善母子公司关系。海外子公司通过与母公司进行高频率、高质量的沟通，主动表达自己的诉求，并试图让母公司接受自己的观点，也是获取母公司注意力的有效手段（Bouquet & Birkinshaw，2009）。沟通从形式上包括正式沟通与非正式沟通两种。正式沟通指的是子公司可以利用会议、母公司来访、子公司汇报、网站等多种渠道就母公司可能关心的业务内容进行交流与展示。非正式沟通的质量与私人关系的密切程度有关。子公司向母公司输送人员（Bouquet & Birkinshaw，2009）或者母公司向子公司派驻人员（Plourde et al.，2014）均能促进母子公司间的非正式沟通。这些派驻人员往往与原来单位保持着一定的联系（Harzing，2001），特别是非正式联络，会强化母子公司间的感情纽带。同时他们又有机会从母公司或者子公司的情境中获取珍贵的现场信息提供给子公司或者母公司（Ren & Guo，2011）。特别是母公司派驻到子公司的人员，他们与母公司保持着企业文化认同（Manev & Stevenson，2001），他们又比子公司人员更了解整体企业的战略目标，比子公司更能顾全大局，而且更有经验、更知道如何获取关注。基于上述原因，派驻人员更容易得到母公司的信任（Bouquet & Birkinshaw，2009），母公司更愿意听取他们的建议，更有可能接受他们的提案。简而言之，派驻人员成为母子公司间有效的沟通桥梁，能够帮助子公司获得母公司注意力资源。

3.2.1.3　子公司对母公司的忠诚与一贯的良好表现

子公司可以利用持续良好的业绩、声誉及形象赢得母公司的注意。① 子公司持续良好的业绩并维持声誉与形象，使母公司对子公司持续保持好感，久而久之即演化为信任。子公司的声誉与好形象除了与业绩有关外，子公司对母公司的忠诚也十分重要，这里的忠诚指的是子公司始终维护母公司与整体企业的利益（Bouquet & Birkinshaw，2008a），同样能够换来母公司对子公司的信任。母公司的信任有助于子公司获得更多的自主权，子公司更有机会和条件从事创造性活动，更有可能成为整体企业需要的创新源，进而提高子公司的地位与重要性，为子公司获取更多母公司注意力创造了条件（Bouquet & Birkinshaw，2009）。另外，子公司对母公司的高度忠诚还可以表现为子公司主动保持与母公司一致的价值观念，反映了子公司愿意为母公司付出的程度，表达的是子公司愿意长期、积极维

① Bouquet，C.，Birkinshaw，J.. Managing Power in the Multinational Corporation：How Low Power Actors Gain Influence［J］. Journal of Management，2008a，34（3）：477－508.

持双方关系的决心①，保证了双方关系的可持续发展②。基于共享的价值观念形成的共享机制具体表现为母子公司有共同的基本制度与操作流程，这不仅大大提高了母子公司间的沟通效率，降低了管理成本，也有利于母子公司在价值观念上进行交流与增进理解③，增强信任与关系的紧密性，有利于母公司注意力资源的获取。

综上所述，母子公司关系嵌入性的三个方面——母公司的信任、基于沟通的关系紧密性和共享机制均会对子公司获取母公司注意力产生积极影响，提出相应研究假设。

H1：母子公司关系嵌入性对注意力资源获取有正向影响。

H1a：母公司的信任对注意力资源获取有正向影响。

H1b：母子公司关系的紧密性对注意力资源获取有正向影响。

H1c：母子公司间的共享机制对注意力资源获取有正向影响。

3.2.2　母子公司关系嵌入性对子公司常规资源获取的影响

社会网络理论的观点认为，社会关系能够帮助企业获取资源，与核心资源的提供者维持良好的关系对于企业组织的存续有重要作用（Steier & Greenwood, 2000）。创业者的社会资本水平、社会关系强度和社会网络范围会对创业企业的绩效产生显著影响。④ 特别是当资源很难进行交易时，社会关系就会发挥不可替代的作用（Das & Teng, 2000）。张玉利等（2008）发现创业者的社会资本越多，社会网络连接越丰富，越容易发现商业机会。已正式运营的创业企业的社会资本更有利于企业获取创业资源（秦剑、张玉利，2013）。朱秀梅和李明芳（2011）从结构特征、社会特征和关系特征三个方面分析了新创企业的创业网络对企业知识获取与运营资源获取的影响。结合社会网络理论与嵌入理论的观点，子公司比

① Morgan, M. R., Hunt, D. S. The Commitment - trust Theory of Relationship Marketing [J]. Journal of Marketing, 1994, 58 (3): 20 - 38.

② Chang, K. C.. Formation and Consequences of Relational Embeddedness [D]. Doctoral Dissertation, The University of Chicago, 2002.

③ Kale, P., Dyer, J. H., Singh, H.. Alliance Capability, Stock Market Response, and Long - term Alliance Success: The Role of the Alliance Function [J]. Strategic Management Journal, 2002 (23): 747 - 767.

④ Patel, P. C., Terjesen, S.. Complementary Effects of Network Range and Tie Strength in Enhancing Transnational Venture Performance [J]. Strategic Entrepreneurship Journal, 2011, 5 (1): 58 - 80.

单体企业嵌入的网络资源更丰富，因而子公司具有更为突出的创业条件。

资源的不完全流动性与优质资源的稀缺性共同说明了资源获取的不易性。① 对于子公司而言，由于自身的双重网络嵌入性，使子公司获取资源的渠道要多于一般单体企业，子公司所处的集团内部网络为其提供了广泛的资源来源。已有研究表明关系嵌入性为创业企业提供了关键的机会和资源，为企业创建了一个识别、评估、获取商业机会的安全平台②，有利于机会与资源的互惠交流与交换（Jarillo & Martinez，1990），提高了关键资源的可接近性。对于子公司而言，母子公司关系嵌入性对子公司常规资源获取的影响表现在以下方面。

3.2.2.1 来自母公司的信任对子公司常规资源获取的影响

Tsai 和 Ghoshal（1998）研究的实证结果说明跨国公司内部社会资本有利于价值创造和共享过程，母子公司之间的信任度与他们之间的资源交换与组合存在显著的正相关关系。两位学者进一步指出在跨国公司内部，高度的信任有利于异质资源的交换，因为信任降低了“机会主义”的风险。还有学者对知识资源获取进行了相关研究，结果表明信任通过提高双方交换的开放程度而促进了知识共享，有利于共同解决问题（McEvily et al.，2003），并且，因为存在信任，可以减少双方对对方的监督成本与讨价还价的时间成本，使双方有更多的时间与精力用于知识转移与信息交换，甚至会促成双方的合作创新。总体上，母公司信任子公司，则乐意与其沟通、交流甚至分享，分享本身即是一种资源传递。信任有助于增进母子公司间的感情，减轻母公司对于子公司“不听话”甚至“自立门户”的顾虑，从长期看有益于子公司在母公司心中建立良好的声誉与形象，愿意为子公司创业提供资源支持。另外，由于母公司资源的稀缺性导致子公司之间存在对资源的竞争，获得信任的子公司在这种争斗中更容易得到母公司的支持，最终赢得资源。

3.2.2.2 母子公司关系的紧密性对子公司常规资源获取的影响

母子公司关系的紧密性主要通过母子公司间高质量的沟通维系与加强。母子公司间的及时沟通交流促进了双方的了解。子公司越是了解母公司，则越可能做

---

① Patel, P. C., Terjesen, S.. Complementary Effects of Network Range and Tie Strength in Enhancing Transnational Venture Performance [J]. Strategic Entrepreneurship Journal, 2011, 5 (1): 58-80.

② Hite, J. M.. Evolutionary Processes and Paths of Relational Embedded Network Ties in Emerging Entrepreneurial Firms [J]. Entrepreneurship Theory&Practice, 2005, 29 (1): 113-144.

出取悦母公司的行为，越容易获得母公司的资源。母公司越是了解子公司，越有可能接受子公司的行为目标，越可能提供资源支持子公司（刘晓娜，2010）。另外，子子公司之间的很多联系是通过母公司的桥梁作用完成的，母公司为子子公司之间的资源共享或交换提供了平台，拓宽了子公司获取资源的渠道（戴维奇等，2011）。还有学者认为关系紧密性不仅会影响子公司的外部资源获取，还会间接影响子公司的内部资源创造活动（董保宝等，2011）。因为，与母公司关系的紧密性不仅表现为双方联系的频繁，更重要的是表明双方关系的稳定性。这种稳定的关系促使子公司对母子公司关系充满信心，相信母公司会在关键时刻提供支持。当子公司不再焦虑于资源是否充裕时，子公司更能专心于当前的任务，精于经营，甚至可能开展创新与创业活动，有利于子公司开展内部资源创造，更可能对整体企业做出贡献，由资源的接收者一跃成为资源的贡献者。

3.2.2.3　母子公司间的共享机制对子公司常规资源获取的影响

共享机制是组织间发生交换的必要条件，因为只有彼此间的体制与文化能够兼容，双方才方便进行沟通与协调，才有可能促成战略资源的交换与整合。在对知识资源的研究中，已经发现双方共有的价值观和解决问题的方式有利于彼此更深层的交流，方便双方达成共识，影响知识分享与交换（Nahapiet & Ghoshal，1998）。Yli - Renko 等（2001）进一步强调共享的价值观提高了知识消化过程中的相对吸收能力，使企业能够从事更多的知识获取和开发活动。[①] 母子公司间的共享机制，特别是知识共享，使子公司的重要性（对母公司而言）提高了，同时使子公司能够更方便、更容易地从母公司处获得帮助，有利于提高子公司主动响应市场的能力，也有利于彼此资源的转移和整合（Hewett & Bearden，2001）。

基于上述分析，本书认为母子公司关系嵌入程度越强，表明母子公司关系质量较高，子公司也越容易从母公司处获取资源，提出相应研究假设。

H2：母子公司关系嵌入性对子公司常规资源获取有正向影响。

H2a：母公司的信任对子公司常规资源获取有正向影响。

H2b：母子公司关系的紧密性对子公司常规资源获取有正向影响。

H2c：母子公司间的共享机制对子公司常规资源获取有正向影响。

---

① Yli - Renko，H.，Autio，E.，Sapienza，H. J.. Social Capital，Knowledge Acquisition，and Knowledge Exploitation in Young Technology - based Firms［J］. Strategic Management Journal，2001（22）：587 - 613.

3.3 资源获取对子公司创业行为的影响

子公司对母公司资源的依赖为母公司控制子公司行为提供了一种工具（Baliga & Jaeger，1984），使子公司在实现战略目标的过程中会受到母公司匹配给子公司的资源及权力的影响。要厘清子公司资源获取对创业行为的影响，还要从了解子公司创业过程开始。较早关注子公司创业的学者 Birkinshaw 认为，子公司主导创业行为的过程从发现机会开始，直至获得对这个机会而言所必需的资源承诺①，并给出了相应的图示（见图 3.1）。Shane 和 Venkataraman（2000）把这个过程具体化为三个步骤：一是子公司识别创业机会；二是子公司向母公司推销自己的创业想法并被认可；三是子公司获得创业资源并实施主导行为，这个观点得到了 Schmid 等（2014）的认同。结合几位学者的观点，可以认为：子公司识别创业机会是子公司领导者有机利用其既有资源的过程。子公司持续的资源获取与资源积累的努力能够使企业拥有一些超出目前应用水平的资源禀赋，即组织冗余，这些冗余资源就成为子公司创业的初始动力。子公司向母公司推销自己的创业想法并希望获得认可则是子公司充分利用母子公司关系与既有资源的过程。只有在母公司认可的前提下子公司创业才能进入第三个步骤——获取资源并实施创

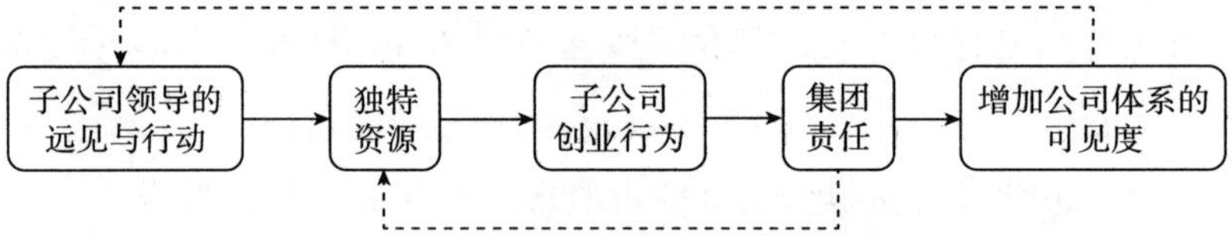

图 3.1　子公司创业行为过程

资料来源：Birkinshaw，J.，Hood，N.，Jonsson，S.. Building Firm Specific Adantages in Multinational Corporations：The Role of Subsidiary Initiative［J］. Strategic Management Journal，1998（19）：221－241.

① Birkinshaw，J.. Entrepreneurship in Multinational Corporations：The Characteristics of Subsidiary Initiatives［J］. Strategic Management Journal，1997（18）：207－229.

业。可见，在子公司创业的全过程中，资源的获取与利用是最为关键的要素，即资源获取会对子公司创业行为产生重要影响。

3.3.1 母公司注意力资源获取对子公司创业行为的影响

关于企业注意力的研究指出创业注意力的配置对创业机会的识别和利用具有关键性作用[①]，即高层管理者聚焦于环境的变化和企业成长，才能察觉创业机会并利用这些机会。在母子公司体系中，母公司基于控股权对子公司享有管理权，参照高管注意力配置的研究成果可以推断子公司的创业活动若是得到母公司的关注，也会促进子公司对创业机会的识别与利用。在近十年，一批关注子公司创业行为的学者，开始从子公司的视角研究注意力与子公司创业的关系，并指出子公司创业行为得以顺利实施的前提即是要得到母公司的许可或资源支持（Birkinshaw，1997），获得关注有利于子公司被母公司认可、从母公司处获得更多的资源甚至改善子公司的网络地位[②]，这些都会对子公司创业产生帮助。母公司的注意力是母公司愿意主动给予子公司的时间与精力，以期待子公司能够为企业整体做出贡献。[③]

3.3.1.1 *母公司注意力会影响子公司的创新行为*

已有研究主要探讨了高层管理者的注意力影响企业技术创新、组织创新、管理创新、市场创新行为以及绩效的内在机制。[④] 例如，Eggers 和 Kaplan（2013）就指出 CEO 的注意力如果聚焦于现有技术就会导致企业对新市场热情不够，如果聚焦于新兴技术就会加快企业进入新市场的速度。对新技术的关注将对该技术的开发与部署产生直接的、长期的、正向的影响（Yadav et al.，2007）。我国学者陈守明和唐滨琪（2012）对 2010 年在中国沪深 A 股上市的制造业公司进行研究，结果发现企业高管对创新活动的认知程度会带来相应创新投入的显著增加。

---

① Ireland, R. D., Hitt, M. A., Sirmon, D. G.. A Model of Strategic Entrepreneurship: The Construct and Its Dimensions [J]. Journal of Management, 2003, 29 (6): 963 – 989.

② Bouquet, C., Birkinshaw, J. Managing Power in the Multinational Corporation: How Low – power Actors Gain Influence [J]. Journal of Management, 2008, 34 (3): 477 – 508.

③ Bouquet, C., Birkinshaw, J.. The Dynamics of Attention Markets in Multinational Enterprises [J]. Advances in International Management, 2009 (22): 27 – 54.

④ 刘景江，王文星. 管理者注意力研究：一个最新综述 [J]. 浙江大学学报（人文社会科学版），2014，44 (2)：78 – 87.

张昊等（2014）以我国国有企业为样本进行的研究显示，国有企业 CEO 对企业外部的关注明显多于对内部的关注，外部注意力对产品创新的技术表现和市场表现均有积极影响，内部注意力仅与技术表现呈正相关。基本上，现有研究都认为如果注意力聚焦于创新活动或技术发展就会对企业创新产生积极影响。因此，有理由相信，如果母公司关注子公司的创新活动，将会有助于子公司创新活动的成功。

3.3.1.2 母公司注意力会影响子公司的对外投资行为

注意力与企业的对外投资行为关系的研究主要探讨管理者对企业对外投资及国际化行为的关注对企业的战略定位以及全球绩效的影响机制（刘景江、王文星，2014）。就在最近的一两年内，我国的学者针对我国企业“走出去”的战略也进行了相关研究。如吴建祖和毕玉胜（2013）对华为公司的研究表明国际化战略是高管团队注意力选择性配置的结果。当高管团队对品牌自主建设、自主研发以及成熟市场表现出更多关注时，企业更可能采用自然扩张国际化战略。吴建祖和关斌（2013）以中国制造业上市公司为样本进行的研究表明，在企业对外直接投资的决策中，当高管团队将更多注意力聚焦在东道国的自然资源上时，企业更倾向于选择创建投资的形式；当高管团队更看重东道国的技术资源、品牌资源或战略性资源上时，企业更倾向于选择跨国并购的方式。[①] 许晖和郭净（2013）以中国从事制造业的国际化企业为样本，认为管理者对国际化的关注在企业竞争战略与营销动态能力间有调节作用。Bouquet 等（2009）对美国、加拿大、德国等 135 家跨国公司进行问卷调查的结果显示跨国公司高管对国际化、全球化的关注与跨国公司的绩效呈倒“U”形关系。而在基于同样样本的后续研究中，进一步印证了在公司年报中突出全球化问题的跨国公司中，高管对全球化的关注程度普遍更高（Bouquet & Birkinshaw，2011）。通过以上研究可以发现，关于注意力与企业国际化、对外投资行为的研究成果较为丰富，涉及范围也很广泛，既有对全球化绩效的关注，也有对企业对外投资方式的关注，得出的结论也各有千秋，具有针对性。但是这其中具有共同的思维逻辑是“注意力配置的方向决定企业的行为”。

3.3.1.3 母公司注意力会影响子公司的战略变革

企业注意力基础观的代表人物 Ocasio（1997，2011）认为高管注意力会对企

① 吴建祖，关斌．高管团队注意力与企业对外直接投资方式——基于中国制造业上市公司的实证研究［J］．软科学，2013，27（11）：76－80.

业战略行为及结果产生影响，Ocasio 等（2018）曾对通用电气公司管理者的注意力如何引导企业战略的制定和执行进行了研究。吴建祖和赵迎（2012）检验了高层管理团队注意力配置与公司多元化战略选择之间的关系，结论显示如果高管对顾客关注较多，则可能会选择多元化战略；如对竞争对手关注较多，则选择多元化战略的可能性降低。Nadkarni 和 Barr（2008）论证了行业变革的速度对高管注意力配置的影响，并指出高管注意力会影响组织战略响应市场的速度。总体上，注意力会影响企业战略的制定与执行。

联系第2章对子公司创业行为的论述，可知子公司的创新行为、对外投资行为和战略变革行为均是子公司创业的表现形式。创业可以通过创新实现，创新亦可诱发创业；对外投资和战略变革则是公司创业的重要内容。因此，关于注意力对上述三方面影响的研究，已经说明注意力会对子公司创业行为产生影响。对于子公司而言，母公司的注意力资源是一种支持性资源，而非监督或控制资源。母公司的注意力资源是一种相对性资源，每个子公司获取的注意力资源没有绝对值，但却可以相互比较，具有相对大小。母公司的注意力资源是一种可见性资源，能够从母公司行为中体现（Bouquet & Birkinshaw，2008a）。

子公司创业需要获得母公司的认可（Schmid et al.，2014）。那些获得母公司关注的子公司就是获得了认可与支持。这种支持不一定体现为常规资源的支持，但对子公司来说也是一种鼓舞与激励，反映了母公司的政策指向性与态度。最起码这些子公司获得了一个相对宽松的创业氛围，甚至为其带来更高的自主权。更高的自主权不仅意味着有更多的自主决策权，也会使经理人员感觉被信任而更愿意承担风险进行创业（Birkinshaw，1999；Zahra，2000；王世权等，2012）。母公司通常通过其战略描述、各种公开途径（公开市场、网站及其他媒体）、特殊的企业标识或识别系统来表达其关注的重点（Bouquet & Birkinshaw，2009）。依据母公司注意力的可见性特点，获得母公司注意的子公司可能会以上述方式出现在各种会议、文件当中，这会有利于改善子公司在内部网络中的地位，提高子公司的影响力（Plourde et al.，2014），有利于消除“企业免疫系统”①（Birkinshaw &

① 企业免疫系统指的是母子公司管控体系中那些可能阻碍子公司创业行为的因素。由于创业行为的创新性和不可预料性，母公司会采取措施加以控制以规避风险，即“企业免疫系统”，表现为更为谨慎地对待子公司的资源配置与权力下放（武立东、黄海昕，2010）。

Ridderstråle, 1999）对创业行为的阻碍。

本书依据子公司创业行为面向的市场不同而对应分为子公司外部创业与内部创业。在外部创业行为中，子公司维护企业整体利益的动机表现得更为突出，因为子公司的外部创业被认为是跨国公司（集团）应对竞争、相应市场的表现。① 因此子公司外部创业行为可能更容易获得母公司的支持，子公司内部创业行为多数为改进性创新，是渐进性的温和的创新，对资源获取的需求相对小一些，更容易实践。但若是母公司给予关注，也是如虎添翼的事情。

基于上述分析，本书认为子公司获取母公司注意力资源越多，子公司创业行为得到的支持会越多，实现的可能性更大。提出相应研究假设。

H3：注意力资源获取对子公司创业行为有正向影响。

H3a：注意力资源获取对子公司内部创业行为有正向影响。

H3b：注意力资源获取对子公司外部创业行为有正向影响。

3.3.2 常规资源获取对子公司创业行为的影响

从资源依赖的视角来看，企业不可能拥有其运营所需的全部资源，必然对外界产生资源依赖，因此必须与那些控制关键资源的组织或个人相互作用来保证资源的获取（戴维奇，2010）。一定程度上，资源获取能力决定了公司创业活动能否成功，获取资源的过程成为企业重要的创业任务。② 在公司创业的主流研究框架中指出，组织的资源和能力是影响公司创业的重要内部变量（Zahra, 1993），资源的可获得性和机会的感知是公司创业的直接影响因素。③ 资源获取对创业企业绩效、成长性、能力提升、技术创新等方面的影响也得到了充分论证。

通常的研究中涉及的资源与资源获取均为本书中所指的常规资源。根据资源

① Birkinshaw, J., Hood, N., Young, S.. Subsidiary Entrepeneurship, Internal and External Competitive Forces, and Subsidiary Performance [J]. International Business Review, 2005 (14): 227 -248.

② Eckhardt, J. T., Shane, S. A.. Opportunities and Entrepreneurship [J]. Journal of Management, 2003, 29 (3): 333 -349.

③ Aloulou, W., Fayollea, A.. A Conceptual Approach of Entrepreneurial Orientation Within Small Business Context [J]. Journal of Enterprising Culture, 2005, 13 (1): 21 -45.

基础观点，创业的过程就是资源选择与配置的过程。① 在创业企业中，资源的匮乏会限制企业的成长，这在公司创业研究中已经形成共识（Covin & Slevin，1990；Zahra，1993；Aloulou & Fayolle，2005）。资源获取对创业企业绩效、成长性、能力提升、技术创新等方面的影响也得到了充分论证。而具体到子公司创业研究中，Birkinshaw 等（1998）证明资源优势对子公司创业行为具有显著正向影响。Tsai 和 Ghoshal（1998）验证得出组织间资源的交换和组合能促进子公司产品创新。子公司资源获取对子公司创业行为的促进作用表现在以下方面。

3.3.2.1 常规资源获取能帮助子公司形成组织冗余，发现创业机会

Ghoshalf 和 Bartlett（1988）发现当资源集中于母公司时，子公司很难有创新行为发生，因为"巧妇难为无米之炊"，此时子公司只能利用母公司创新的成果。资源获取能帮助子公司获得组织冗余。戴维奇（2012）提出公司创业就是组织配置冗余资源的过程，可以理解为冗余资源是公司创业的前提。组织冗余是组织拥有的资源与实际运行所需资源之差（Cyert & March，1963）。作为资源缓冲与储备，组织冗余能够帮助管理者应对外部威胁或利用外部机会。② 研究显示，组织的资源越多，组织创新的程度越高，丰裕的资源使组织更有可能发现并执行新的构思、吸收创新的高成本与高风险。

3.3.2.2 常规资源获取有助于创业行动被母公司认可

在识别创业机会后，子公司需要积极争取母公司对创业活动的认可与支持。母公司往往依据该子公司过去的资源状况与业绩档案，审视其是否具备新任务所需能力，判断子公司创业提案能否被接受。因此子公司过去的资源积累情况会对本次创业行为产生影响。从既往资源获取的质量来看，母公司会关心子公司的资源禀赋是否与本次创业行动相匹配；从既往资源获取的数量来看，母公司会检视子公司拥有的资源是否能充分满足本次创业行动的需要。母公司对子公司资源记录的重视，一是出于风险控制的考虑，避免因为资源匮乏或资源的匹配度低而造成子公司创业行动的失败；二是出于对整体战略的考虑，避免因为对该子公司过度的资源投入影响整体目标的实现；三是母公司在审视现有资源条件后对子公司

① ［美］马克·J. 多林格. 创业学：战略与资源（第3版）［M］. 王任飞译. 北京：中国人民大学出版社，2003.

② Bourgeois，L. J.. On the Measurement of Organizational Slack ［J］. Academy of Management Review，1981，6（1）：29－39.

做出针对性的资源配置。总而言之，子公司的创业行动要想获得支持，首先要向母公司证明其拥有必要的资源与能力，这些资源则源自以往子公司的自身积累与资源获取行动。

通过上述文献探讨可以判断子公司积极的获取资源，推动了子公司的资源积累。当子公司资源越多，子公司越有能力发现创业与创新的机会，越有能力承担创业行为的高风险与成本。当子公司资源越多，一定程度上反映出子公司具备进一步创业的实力，更容易获得母公司支持从而推动创业。进而提出相应研究假设如下：

H4：常规资源获取对子公司创业行为有正向影响。

H4a：常规资源获取对子公司内部创业行为有正向影响。

H4b：常规资源获取对子公司外部创业行为有正向影响。

3.4 多重中介效应分析

3.4.1 母公司注意力资源获取对常规资源获取的影响

资源依赖理论认为任何组织都不可能拥有其所需要的一切资源，因此必然需要与企业外部产生联系，以获取资源。对资源的需求构成了企业对外部环境的依赖（Pfeffer & Salancik，1978）。因此，资源不足的企业为了减少对他人的依赖，会想方设法积累资源；而资源充裕的企业一定程度上则拥有了控制他人的能力，自然也会慎重对待资源的分配。在母子公司内，子公司处于相对劣势，因此想要降低母公司的“所有权优势（Ownership Advantage）”[①]，为自己争取更多的资源与权力，尽量降低对母公司的依赖，提高子公司权力[②]。母公司注意力是一种支持性资源，可以理解为母公司对子公司的好感或鼓励。得到母公司关注的子公司

① “所有权优势”指的是母公司基于股权优势而具备的控制子公司的能力，包括对子公司自主权的控制、资源的控制、信息与技术的控制等方面。

② Bouquet，C.，Birkinshaw，J.. Managing Power in the Multinational Corporation：How Low Power Actors Gain Influence [J]. Journal of Management，2008a，34（3）：477－508.

向母公司申请资源支持时，获得帮助的可能性更大。另外，母公司注意力资源具有相对性与可见性的特点。得到母公司更多关注的子公司可能会被其他子公司刮目相看，这会使其在与其他子公司的资源竞争中，获得一定的心理优势和地位优势，更容易在资源竞争中获胜。据此，提出以下研究假设：

H5：母公司注意力资源获取对常规资源获取有正向影响。

3.4.2 子公司资源获取机制的中介效应分析

3.4.2.1 母子公司关系嵌入性对子公司创业行为的影响

母子公司关系是子公司创业行为的重要影响因素（Ambos & Mahnke，2010）。母子公司关系除了受地理距离、业务相关性等客观因素的影响，更多的是受母子公司间的沟通、共同价值观的构建等主观努力的影响，最终表现为母子公司间的信任程度。[①] 倘若没有良好的母子公司关系作为基础，母公司可能抵制子公司创业行为（Birkinshaw，2000），甚至剥夺子公司自主行动的权力，负向影响子公司创业行为。

为此，子公司要积极同母公司保持良好的沟通。充分而有效的沟通能够让母公司更加了解子公司创业的意图，子公司有机会充分展示自己的实力，打消母公司的顾虑（武立东、黄海昕，2010）。母公司对子公司任务和环境的了解程度越高，意味着“母公司的卷入度”越高，有利于子公司开展创业行为。[②] 沟通的过程也是分享与学习的过程，子公司在沟通中可能获取到重要的信息与知识，对子公司创业产生帮助。充分的沟通有助于母子公司共享机制的构建，增加母子公司整体的整合度及社会化程度，能帮助子公司正确理解母公司的战略意图，及时调整创业行动。

总体上，基于母子公司关系嵌入性的观点，本着强化母子公司关系的目的，促进母子公司之间的沟通交流以及双方观念的结合与共享、增进彼此间的信任，

---

① Schmid, S., Dzedek, L. D., Lehrer, M.. From Rocking the Boat to Wagging the Dog: A Literature Review of Subsidiary Initiative Research and Integrative Framework [J]. Journal of International Management, 2014 (20): 201 – 218.

② Ciabuschi, F., Forsgren, M., Martín, O.. Headquarters Involvement and Efficiency of Innovation Development and Transfer in Multinationals: A Matter of Sheer Ignorance? [J]. International Business Review, 2012 (21): 130 – 144.

可以促进子公司创业行为的产生。倘若母子公司间信息流通渠道中存在障碍、沟通不畅，可能会出现子公司发展偏离母公司战略部署的情况，无法被母公司支持，甚至可能出现自主权被收回的情况，不利于子公司创业行为的产生。张慧（2007）以跨国公司子公司为研究对象，分别讨论了母子公司关系、子子公司关系及子公司与外部网络的关系等多种关系对子公司创业行为的影响，也得出了类似的结论。王世权等（2012）在针对海信集团的案例研究中也基本肯定了母子公司关系嵌入性对子公司创业行为的积极作用。

3.4.2.2 子公司资源获取的中介效应

事实上，在既有的子公司创业相关研究中，以知识获取为代表的资源获取的中介作用被广泛认同。例如，张慧（2007）构建了子公司的网络嵌入性通过资源获取的中介，作用于子公司创业行为的模型。刘晓娜（2010）以知识获取为中介，研究了我国的国际合资企业与外方母公司的关系嵌入性对子公司绩效的影响。蒲明与毕克新（2013）同样选取知识获取为中介变量，研究了子公司的内部嵌入性对子公司成长能力的影响。朱秀梅等学者以初创企业为研究对象，以资源获取为中介变量，研究了创业网络的关系特征对初创企业绩效的影响（朱秀梅、费宇鹏，2010；朱秀梅等，2010）。这些研究成果也间接说明了选取子公司资源获取作为中介变量，有其合理性。

通常认为，如果自变量 X 对因变量 Y 的影响通过变量 M 来实现，则 M 为中介变量，M 的作用过程即为中介效应。[①] 本章依次分析了母子公司关系嵌入性对子公司资源获取的影响、子公司资源获取对子公司创业行为的影响以及母子公司关系嵌入性对子公司创业行为的影响，构建了以子公司资源获取机制为中介变量的中介模型。

基于以上分析，提出关于子公司资源获取机制中介效应的研究假设。

H6：资源获取机制在母子公司关系嵌入性与子公司创业间有中介作用。

H6a：资源获取机制在母公司信任与子公司内部创业间有中介作用。

H6b：资源获取机制在母公司信任与子公司外部创业间有中介作用。

H6c：资源获取机制在关系紧密性与子公司内部创业间有中介作用。

H6d：资源获取机制在关系紧密性与子公司外部创业间有中介作用。

① 温忠麟，刘红云，侯杰泰．调节效应和中介效应分析［M］．北京：教育科学出版社，2013.

H6e：资源获取机制在共享机制与子公司内部创业间有中介作用。

H6f：资源获取机制在共享机制与子公司外部创业间有中介作用。

3.4.3 多重中介效应的说明与衍生假设

依据上文的分析，子公司资源获取机制在母子公司关系嵌入性与子公司创业行为间存在中介作用，而子公司资源获取机制又包括子公司注意力资源获取与子公司常规资源获取两个子变量。当自变量与因变量之间存在多个中介变量发挥作用的现象，这类中介模型被称为多重中介模型（Multiple Mediation Models）①。现又证明子公司注意力资源会影响子公司常规资源的获取，进一步提高了模型的复杂程度，衍生出如下假设。

H7：注意力资源获取在母子公司关系嵌入性与常规资源获取间有中介作用。

H7a：注意力资源获取在母公司信任与常规资源获取间有中介作用。

H7b：注意力资源获取在关系紧密性与常规资源获取间有中介作用。

H7c：注意力资源获取在共享机制与常规资源获取间有中介作用。

H8：常规资源获取在注意力资源获取与子公司创业间有中介作用。

H8a：常规资源获取在注意力资源获取与内部创业间有中介作用。

H8b：常规资源获取在注意力资源获取与外部创业间有中介作用。

3.5 理论模型的提出

本章就母子公司关系嵌入性、子公司资源获取机制与子公司创业行为之间的关系进行了深入分析。依次论证了母子公司关系嵌入性对子公司资源获取的影响、子公司资源获取对子公司创业行为的影响、母子公司关系嵌入性对子公司创业行为的影响与母公司注意力资源获取对常规资源获取的影响，由此得到了如下

① Taylor, A. B., MacKinnon, D. P., Tein, J. Y.. Tests of the Three - path Mediated Effect [J]. Organizational Research Methods, 2008, 11 (2): 241 - 269.

的多重中介模型（见图 3.2）。

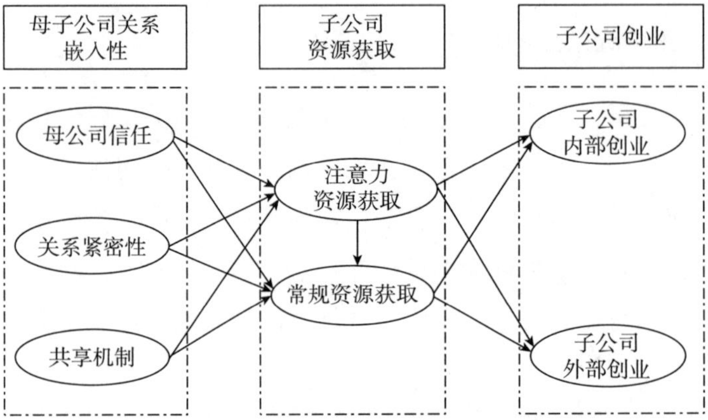

图 3.2　本书的研究理论模型

3.6　本章小结

本章综合既有文献的研究成果，并结合本书研究目的，对母子公司关系嵌入性、子公司资源获取、子公司创业行为等变量进行了维度划分，在此基础上进行理论演绎，剖析了母子公司关系嵌入性、子公司资源获取机制与子公司创业行为之间的关系，提出研究假设，并对变量间的多重中介作用进行了说明，形成理论模型。

第 4 章　问卷设计与量表预测试

本章介绍问卷设计的过程，主要内容包括：首先，从现有研究中收集与本研究变量相关的量表，结合我国子公司创业的现状，广泛听取子公司高管与相关研究领域专家的意见，形成变量的初始测量条款。其次，进行小样本的预测试，以检验预测试量表的有效性和可靠性，并对测量条款进行删除与调整。最后，再次讨论并听取专家意见进一步改进问卷设计的不足之处，形成用于大样本调查的正式问卷。

4.1　问卷设计过程

本书是关于企业行为的研究，从公开资料中难以获得能够反映企业实际情况的有效数据，因此采用问卷调查法获取数据。问卷调查的主要目的是了解母子公司关系嵌入性、子公司的资源获取机制及子公司创业等方面的实际情况，并提供实证支持。问卷设计的具体过程如下：

（1）文献回顾，提炼相关的测量条款。首先通过文献研究，对本书涉及变量的国内外文献进行归纳与整理，结合本书的研究内容，尽量选用已有的、成熟有效的测量条款，以保证测量工具的科学性，并有利于提高量表的信度与效度。

（2）条款翻译。由于本书很多测量条款来自于外文文献，因此在将这些英文测量条款翻译为中文的时候，可能会偏离测量条款的原意，影响测量精度。为了规避上述情况，我们邀请三名本领域的博士生（其中一人有超过一年的海外留学经历）、两位本专业的教授与一位子公司高管共同组成焦点小组，对初始条款进行检验。首先由两位博士生将英文条款翻译为中文，再请具有留学背景的另一位博士生进行回译。其次将两个版本进行比较，由焦点小组成员共同讨论，修改差异，形成表述清楚、恰当的测量条款。

（3）通过调研与访谈，对测量条款进行补充与修正。问卷设计时通过访谈可以考察条款的表述是否得当、变量设计是否恰当、测量条款是否合理等问题。本书进行访谈的目的有三个方面：一是探讨母子公司关系嵌入性、子公司资源获取与子公司创业等要素间的关系，确保本书概念模型的合理性。二是考察本书的变量设计及测量条款等方面在企业实践中的合理性与完备性，并对测量条款进行适当补充。三是考察问卷中每个题目的文字表达是否容易理解，是否准确、精炼。

研究团队主要进行了三次实地访谈。2012 年 7 月 19 日，笔者团队成员在导师带领下到青岛海信集团总部，与海信日立副总经理、海信电器副总经理进行深度访谈，访谈的主要内容包括：①子公司的基本情况介绍，包括成立年限、企业规模、子公司负责人在母公司的任职情况等；②子公司主导创业的现状，包括母公司对内部创业与外部创业的支持力度等方面；③母子公司的关系嵌入程度，主要涉及母公司对子公司的信任与支持、母子公司沟通的紧密程度、母子公司间共享的价值观念、行为规范等方面对子公司创业行为的影响；④子公司从母公司获得资源的情况，比如获得资源的类型、数量与质量以及这些资源对子公司创业行为的帮助，特别是来自母公司关注的影响。2013 年 4 月 12 日，到海尔集团进行实地调研。与海尔电器的战略部经理、人力资源管理部经理就上述问题进行深入交流，修订测量条款。2013 年 7 月 5 日到烟台万华集团进行调研，主要对万华聚氨酯股份有限公司的总经理、华大化学工业有限公司副总经理进行访谈，进一步完善初始量表，并就如何发挥子公司创业行为对集团的正面作用、改进母子公司关系等问题进行了交流。

（4）多次听取导师及其他专家的意见，共同讨论，最终确定初始问卷。初始问卷由四部分组成：第一部分是调查对象（子公司）的基本特征，第二部分是母子公司关系嵌入性量表，第三部分是子公司资源获取情况的量表，第四部分是子公司创业行为的量表。量表均采用李克特 5 级量表，从 1 至 5 代表所描述条款与企业实际情况“完全不符合”至“完全符合”的状态。

（5）小样本预测试。预测试的目的是检验问卷设计的一致性和稳定性，及早发现研究设计及测量工具的缺点以便修正，进一步净化问卷，提高问卷质量，防止在正式调查中发生错误。

4.2 变量的度量

4.2.1 母子公司关系嵌入性的度量

母子公司关系嵌入性由母公司的信任、关系的紧密性和共享机制三个方面共同反映。下面分别对这三个维度进行阐述。

4.2.1.1 信任

母公司的信任是指母公司基于对子公司的一种正面期望，认为子公司的行为不会损害自己的利益甚至有利于自己的利益（Uzzi，1997），更不会利用自己的弱点，因而母公司更愿意分配资源给子公司或者通过沟通机制解决双方间的问题而不是强制安排。本节参考了Uzzi（1997）和Dhanaraj等（2004）的研究，特别是重点参考了Dhanaraj等（2004）关于国际合资企业与外方母公司之间的信任测量量表。该量表由六个题项构成，Cronbach's α 系数为0.939。[①] 国内的李京勋和李龙振（2011）、刘晓娜（2010）、张慧（2007）等学者在研究中都曾参考或引用过该量表，充分说明了该量表的稳定性与有效性。结合本文需要，“母公司的信任”共设计了以下五个题项来测量（见表4.1）。

4.2.1.2 关系的紧密性

Granovetter（1973）对关系的紧密性进行了可操作性定义，认为时间数量、情感强度和亲密性以及关系的相互服务性是关系紧密性的体现。后来有多位学者

① Dhanaraj，C.，Marjorie，A.，Lyles，M. A.，Steensma，H. K.，Laszlo T.，L.. Managing Tacit and Explicit Knowledge Transfer in IJVs：The Role of Relational Embeddedness and the Impact on Performance［J］. Journal of International Business Studies，2004（35）：428－442.

表 4.1　母公司的信任初始测量条款

变量	条款编号	条款内容	参考文献
母公司的信任(ST)	ST1	贵公司负责人的工作能力被母公司认可	Uzzi (1997); Dhanaraj et al. (2004); Nooteboom et al. (1997)
	ST2	在资源分配、利益分享等方面，母公司会信守其对贵公司的承诺	
	ST3	对共同关心的业务目标平等讨论，不会提出损害对方利益的要求	
	ST4	贵公司没有从母公司得到不公平待遇	
	ST5	母公司重视贵公司是否按照母公司设定的规则办事	

均认为关系的紧密性由三个维度构成，分别是精神支持、管理知识支持与时间支持（Dhanaraj et al.，2004；Uzzi，1997；Kale et al.，2000；Uzzi & Lancaster，2003）。关系的紧密性常常表现为双方频繁的接触、多阶纽带和亲密的私人关系（Chang，2002）。不管是面对面的沟通还是借助电子媒介实现沟通，都有助于提升双方关系质量。如果一个母公司很少与子公司联系，只有在例行的正式沟通中双方才有交流，那就说明母子公司间关系不够紧密。因此，正式沟通与非正式沟通的频率也能反映母子公司关系的紧密性。对这一变量的测量，本书主要参考了 Ghoshal 等（1994）的研究及 Chang（2002）的研究，提出了下面四项指标（见表 4.2）。

表 4.2　关系的紧密性初始测量条款

变量	条款编号	条款内容	参考文献
关系的紧密性(SC)	SC1	贵公司管理者经常出差到总部或通过电话、邮件等形式与母公司进行正式沟通	Uzzi (1997); Dhanaraj et al. (2004); Ghoshal et al. (1994)
	SC2	贵公司主要负责人经常与母公司管理者进行非正式沟通	
	SC3	贵公司主要负责人与母公司主要负责人私人关系良好	
	SC4	贵公司的重大决策均由母子公司充分沟通后制定	

4.2.1.3　共享机制

共享机制首先表现为母子公司制度与管理系统的共享，深层次的反映出双方一致的愿景与目标。[①] 当双方有一致的认识时，就会减少沟通过程中的误会并提高双方资源交换的可能性（Tsai & Ghoshal，1998）。在 Tsai 和 Ghoshal（1998）的研究中，采用了"在工作中有共享愿景"和"我们会积极为整体企业的目标而努力"两个题项来测量共享机制。而 Dhanaraj 等（2004）则从母子公司间的相互依赖性、共同的管理哲学等方面设计了四个题项。主要依据上述两篇文献，本书提出了以下三项条款（见表4.3）。

表4.3　共享机制初始测量条款

变量	条款编号	条款内容	参考文献
共享机制（SS）	SS1	贵公司与母公司有一致的价值观念	Dhanaraj et al.（2004）；Tsai & Ghoshal（1998）；刘晓娜（2010）
	SS2	贵公司自觉把母公司的组织目标作为自己的主要目标	
	SS3	贵公司会与母公司相互分享管理方法与经验	

4.2.2　子公司资源获取的度量

4.2.2.1　常规资源获取的度量

常规资源获取可借鉴的度量工具比较多，但通常都是从获取资源的类型与数量方面测度资源获取水平。例如秦剑和张玉利（2013）采用了原材料、资金、顾客、技术、市场、银行信贷以及风险资本的七维度指标。朱秀梅和李明芳（2011）从知识获取与运营性资源两个维度界定了资源获取。还有学者从信息、资金、人员支持、物质和知识五个方面展开测量（Grant，1996；张慧，2007），本书认为物质资源的含义可以涵盖资金这一概念，知识也具有信息的属性，因此知识与信息可以并为一类资源。综合上述观点，把资源分为物质资源、人力资源、知识与信息资源及市场资源。获取资源的种类与数量反映的仅仅是资源获取的结果，不能体现子公司的嵌入性特点对资源获取的影响。母公司的各类资源总体是稀缺的，是各个子公司竞相争抢的对象。因此，不仅需要测度资源获取的类型与数量，还要在资源获取过程中反映子公司资源竞争的结果，要测度出资源获

① Tsai，W.，Ghoshal，S.. Social Capital and Value Creation：The Role of Intrafirm Networks [J]. Academy of Management Journal，1998，41（4）：464－476.

取的速度、效率及相对数量。据此，在文献回顾与专家访谈的基础上，提出了以下五项条款（见表4.4）。

表4.4 常规资源获取初始测量条款

变量	条款编号	条款内容	参考文献
常规资源获取（KA）	KA1	与其他子公司相比，贵公司从母公司处获得更多的物质资源	Wiklund & Shepherd（2003）；Grant（1996）；张慧（2007）
	KA2	与其他子公司相比，贵公司从母公司处获得更多的人力资源	
	KA3	与其他子公司相比，贵公司从母公司处获得更多的技术与信息资源	
	KA4	与其他子公司相比，贵公司从母公司处获得更多的市场资源	
	KA5	母公司能够在贵公司需要时及时提供资源支持	

4.2.2.2 母公司注意力资源获取的度量

对注意力资源的测度未达成共识，但主要有三类方法：内容分析法、案例研究法和问卷调查法。[①]

目前应用最广泛的方法是内容分析法。这种方法是要根据研究问题选择几个拟查找的关键词，然后对企业的相关文档（年报、会议记录、内部刊物等）进行文本分析，以关键词在文档中出现的频数作为原始数据，用来测量管理者注意力。内容分析法成功与否的关键在于相关文本的获得。国外企业的信息披露较充分，企业对于学界的调查通常配合度要高一些。所以公司会议记录、股东信函、内部沟通内容及常见的公司年报信息都被用来作为文本分析的素材（刘景江、王文星，2014）。相比而言，我国企业资料的可获得性要差一些，因而主要限于采用上市公司的公开资料。例如陈守明和唐滨琪（2012）、吴建祖和赵迎（2012）、吴建祖和关斌（2013）等都以公司年报和董事会报告作为文本分析的对象。吴建祖和毕玉胜（2013）对华为公司公开发表的文件和公开年报进行文本分析，验证了高管团队注意力配置与企业国际化战略选择之间的关系。内容分析法虽然得到了广泛的应用，但也存在一定缺陷。一是资料的可获得性受限，公开资料反映的注意力配置信息也十分有限。若要收集非公开资料，工作量是巨大的，有时甚至

① 刘景江，王文星．管理者注意力研究：一个最新综述［J］．浙江大学学报（人文社会科学版），2014，44（2）：78－87.

是难以完成的。二是注意力配置有明显的个人特征，公开资料只能部分反映高管团队的注意力配置，或者说公开资料反映的是高管团队相对客观的注意力配置，而对于那些可能掺杂个人情感的主观注意力则无法反映。

问卷调查法也是注意力的实证研究中常用的方法。例如Bouquet和Birkinshaw等学者在关于母公司注意力的一系列研究中均采用问卷调查法作为测量母公司注意力的主要方法。我国学者许晖和郭净（2013）以中国从事制造业的国际化企业为样本，通过问卷调查法验证了营销动态能力、企业竞争战略、管理者国际注意力三者间的关系模型。张昊等（2014）同样采用问卷调查的方式调查了国有企业CEO注意力、产品创新表现与企业绩效之间的关系。问卷调查法的优点是测量速度较快，对调查结果的统计分析方法已经相对成熟，但对调查问卷本身的质量要求比较高，问卷回收的数量与质量也都可能不能满足预期研究需要。

案例研究法包括多种方法，如档案记录法、文件法、访谈法和观察法等①，多种分析方法可以在同一个研究中综合运用。尚航标和黄培伦（2010）以万和集团为案例，利用访谈、内部文本、外部文献等多种手段研究了动态环境下高层管理者管理认知在企业获取并保持其竞争优势中的作用，建立包括环境变化、管理认知、战略行为、组织能力演化与企业绩效关系的研究框架。Ocasio和Joseph（2005）两位学者采用文件法和访谈法分析了通用电气公司管理者的注意力如何引导企业战略的制定和执行。Rerup（2009）综合运用半结构化访谈法（文件法和参与式观察法）收集数据。案例研究法是内容分析法和问卷调查法的补充，其不足之处是研究的信度和效度不易保证，并且对调查者的素质要求较高（刘景江、王文星，2014）。

在本书中，结合我国企业实际情况与数据的可获得性，考虑到调查的综合成本与调查效益，采用问卷调查法对母公司注意力资源进行度量。Bouquet和Birkinshaw于2008年发表在AMJ的文章中基于面对面访谈，对母公司注意力资源进行了界定，并采用问卷调查与文本分析相结合的方法对其进行了测量。问卷调查部分均采用李克特7级量表，文本分析调查了例如一年中贵公司在母公司全集团发布的文件中出现的次数，在年度报告中出现的次数等方面，并通过对数运算纳

① ［美］马克·桑德斯，菲利普·刘易斯，阿德里安·桑希尔．经管研究方法（为学生量身定制）［M］．余宇莹，张宜霞译．大连：东北财经大学出版社，2011.

入模型测量。本书根据其问卷调查与文本分析的内容，提出以下五项条款（见表4.5）。

表4.5 母公司注意力资源获取初始测量条款

变量	条款编号	条款内容	参考文献
母公司注意力资源获取（HA）	HA1	如果贵公司在某一方面有突出表现，母公司会在集团范围内推广贵公司的经验	Bouquet & Birkinshaw (2008)；Ambos et al.（2010）
	HA2	与其他子公司相比，母公司愿意更多地了解贵公司的产品与市场	
	HA3	与其他子公司相比，贵公司在集团文件、报告或会议中被提及的频率很高	
	HA4	与其他子公司相比，母公司主管到访贵公司的频率很高	
	HA5	与其他子公司相比，贵公司被母公司约谈的频率很高	

4.2.3 子公司创业行为的度量

本书将子公司创业行为界定为外部创业行为与内部创业行为两类。外部创业行为侧重于子公司当地市场的开发（徐梅鑫、刘祯，2012），是子公司对外部竞争的响应，偏重激进型创新。内部主导行为指向企业内部新关系的构建与新机遇的识别（徐梅鑫、刘祯，2012），更可能表现为相对温和的渐进型创新。Birkinshaw 和 Fry（1998）认为子公司的内部创业行为就是子公司对母子公司网络内部的创业机会进行识别，并借助与母公司的良好关系主动向母公司提案，证明自己有能力做好该项目的过程，内部创业行为有时需要借助于私人关系才能打动母公司。有结论指出以往的研究侧重于外部创业行为的测量（张慧，2007），对内部创业行为关注力不够，因此我们在设计内部创业行为的题项时，除参考既有的研究成果外，也非常注意吸收子公司高管与业内专家的建议。除了参考 Zahra（1991，1999）、Antoncic 和 Hisrich（2001）的公司创业行为量表外，国内徐梅鑫和刘祯（2012）、张慧（2007）、汪建康（2007）等学者的研究也对本书有借鉴意义。综合上述研究，提出子公司内部创业行为的三项条款（见表4.6）。

表 4.6　子公司内部创业行为初始测量条款

变量	条款编号	条款内容	参考文献
子公司内部创业行为(SIR)	SI1	贵公司会主动积极地向母公司建议或提案	Zahra（1991，1993，1996）；Antoncic & Hisrich（2001）；徐梅鑫和刘祯（2012）；张慧（2007）；汪建康（2007）
	SI2	贵公司会主动积极地改进现有技术、产品与服务	
	SI3	贵公司会主动拓展现有产品及服务的市场范围	

在子公司外部创业行为的测量工具中，最具代表性的是 Birkinshaw 等（1998）关于子公司主导创业行为的量表。这份量表采用五个题项对子公司过去十年的主导创业行为进行了测量，但在后续的研究中，以 Birkinshaw 为代表的学者则把这五个题项精炼为三个题项（Ambos，Andersson & Birkinshaw，2010；Bouquet & Birkinshaw，2008），即"有新产品在子公司本地开发但却销售到全球""由于子公司管理有方吸引到母公司在研发或生产方面的新投资""由于子公司实力中标当地投资"。将这三个题项与之前的五个题项进行对比，发现三个题项的量表更加偏向于测量子公司的外部创业行为。在此基础上，本书提出了子公司外部创业行为的三个测量指标（见表 4.7）。

表 4.7　子公司外部创业行为初始测量条款

变量	条款编号	条款内容	参考文献
子公司外部创业行为(SIT)	SI4	贵公司会主动发现或创造新资源、新技术与新知识	Birkinshaw et al.（1998）；Bouquet & Birkinshaw（2008）；Ambos et al.（2010）
	SI5	贵公司会主动把握市场机会，推出新产品（服务）	
	SI6	贵公司会主动开拓新的业务领域	

4.3　预测试样本和数据收集

小样本预测试于 2013 年 9～10 月进行，历时近两个月，调查对象主要为山东大学管理学院MBA与EMBA学员中来自子公司的中高层管理人员。问卷一般在学员课程结束后发放。发放前调查人员会对问卷的调查目的进行简要说明，以消除调查对象的顾虑与戒备，确保学员能够据实、认真地填写问卷。在问卷填写过程中，调查人员会及时解答填答人对测量条款理解不到位的地方，但不会给出带有倾向性的提示，避免形成干扰。调查问卷选择多个班级发放，并对已调查过的班级进行严格记录，避免重复填写。预测试共发放问卷180份，现场回收130份，回收率为72.2%。问卷回收后，对问卷进行整理与筛选，筛选标准如下：①剔除子公司成立年限少于三年的样本；②剔除非中高层管理人员填答的样本；③剔除填答有缺项的样本；④剔除填答有明显规律的样本。按此标准筛选，剔除不合格问卷18份，剩余有效问卷112份，有效问卷回收率为62.2%。

4.4 预测试信度与效度检验

信度和效度检验是大样本实证调查的重要前提。信度分析主要是反映测试结果的可信赖性，信度越高，说明量表越稳定（吴明隆，2003）。效度分析主要是反映测量结果能够达到测试目的的程度，效度越高，说明测量结果与拟调查的内容拟合得越好。对预测试样本，首先要对量表进行CITC分析和Cronbach's α系数计算，据此净化测量条款。在此基础上，应用探索性因子分析对量表进行维度建构，以判断因子数目及各因子的测量条款，并为因子命名。

数据处理时，首先测量修正项目的总相关系数（Corrected－item Total Correlation，CITC），并据此对初始条款进行剔除。通常认为，CITC值大于0.5的条款应当保留；CITC值小于0.3时，应该删除此条款（卢纹岱，2002）[①]；当CITC值介于0.3~0.5时，如果删除条款，能够显著提高量表整体的α系数，也应考虑删除[②]。对信度的检验，目前一般采用内部一致性（Internal Consistency）信度来

① 卢纹岱.SPSS for Windows统计分析［M］.北京：电子工业出版社，2006.

② 马庆国.管理统计：数据获取、统计原理与SPSS工具与应用研究［M］.北京：科学出版社，2002.

反映。内部一致性越高，说明测量条款的相互关联性越高，越适合测量同一变量。Cronbach's α 系数是最常用的信度指标（Nunnally，1978）。比较普遍的标准认为当 Cronbach's α 系数大于 0.7 时，量表的信度是可以接受的。如果删除某一条款能使 Cronbach's α 系数明显增大，则该条款需要认真讨论，考虑删除。①

效度检验采用探索性因子分析法（Exploratory Factor Analysis，EFA）。首先要根据 KMO（Kaiser－Meyer－Olykin）和 Bartlett 球形检验（Bartlett Test of Sphericity）判断样本是否适合进行因子分析。通常认为 Bartlett 球形检验呈显著水平，KMO 值在 0.6 以上适合进行因子分析，KMO 值越高，越适合。但是若 KMO 值小于 0.5，则不适合进行因素分析（Kaiser，1974）。探索性因子分析通常采用主成分分析法抽取因素，并采用最大变异法（Varimax）进行因子旋转，以特征值大于 1 作为提取因素的标准，并删除因素负荷量小于 0.5 的条款。当测量条款的因素负荷量都大于 0.5，且转轴后累计解释变异量大于 50% 时，说明该量表具有较好的效度。此外，问卷设计过程中曾多次请教企业高管与相关研究专家，并请专家们对各题项逐一审查并据此多次修正，说明问卷具有“专家效度”，这也是社会科学领域中，越来越被提倡的效度分析方法。

4.4.1 母子公司关系嵌入性的预测试结果分析

4.4.1.1 母子公司关系嵌入性初始条款的 CITC 值及信度分析

如表 4.8 所示，母公司信任量表中，ST5 的 CITC 值为 0.299，略小于 0.3。删除 ST5 使量表的 α 系数由原来的 0.721 升至 0.769，明显提高，因此应该将 ST5 删除。剩余四项条款的 CITC 值均大于 0.5（ST1 为 0.499，十分接近 0.5，故予以保留），并且删除其中任一条款后，α 系数并没有显著提高，因此除 ST5 外的条款都予以保留。母公司信任量表的 α 系数为 0.769，大于 0.7，说明量表具有较高的内部一致性。关系紧密性的四项测量条款的 CITC 值均大于 0.3，但 SC4 的 CITC 值小于 0.5。将其删除后，量表的 α 系数由原来的 0.702 增加至 0.780，明显提高，因此应删除 SC4。剩余三项条款的 CITC 值均大于 0.5，并且删除其中任一条款后，α 系数并没有显著提高，因此予以保留。共享机制量表的三项测量条款的 CITC 值均远大于 0.5，量表的 α 系数为 0.819，表明测量条款具

① Nunnally，J. C.. Psychometric Theory［M］. NY：McGraw－Hill，1978.

有很高的内部一致性，无须删除测量条款。母子公司关系嵌入性整体量表的 α 系数为 0.822，信度良好。

表 4.8　母子公司关系嵌入性初始测量条款的 CITC 分析和信度分析

测量条款	CITC1	条款删除后的 α 系数	CITC2	α 系数	整体 α 系数
ST1	0.484	0.674	0.499	$\alpha_1=0.721$	0.822
ST2	0.552	0.646	0.512	$\alpha_2=0.769$	
ST3	0.477	0.676	0.528		
ST4	0.633	0.612	0.654		
ST5	0.299	0.769	删除		
SC1	0.521	0.690	0.555	$\alpha_1=0.702$	
SC2	0.724	0.569	0.690	$\alpha_2=0.780$	
SC3	0.559	0.672	0.615		
SC4	0.371	0.780	删除		
SS1	0.714	0.710		$\alpha=0.819$	
SS2	0.705	0.724			
SS3	0.616	0.807			

注：α_1 为未净化时的系数；α_2 为净化后的系数。

4.4.1.2　母子公司关系嵌入性初始测量条款的探索性因子分析

在对“母子公司关系嵌入性”的 12 项初始测量条款进行净化后，最终保留了 10 项条款进行探索性因子分析。由表 4.9 可知，KMO 值为 0.782，Bartlett 球形检验卡方值为 421.888，显著性概率为 0.000，适合进行因子分析，并采用主成分分析法提取了三个特征值大于 1 的因子，累计解释变异量为 68.598%。三个因子所包含的测量条款与净化后的初始量表一致，将因子 1 命名为母公司的信任；因子 2 则命名为关系的紧密性；因子 3 为母子公司间的共享机制。

表 4.9　母子公司关系嵌入性初始测量条款的因子分析

测量条款	因子 1	因子 2	因子 3
ST1	0.885		
ST2	0.811		

续表

测量条款	因子 1	因子 2	因子 3
ST3	0.749		
ST4	0.633		
SC1		0.851	
SC2		0.848	
SC3		0.716	
SS1			0.818
SS2			0.783
SS3			0.674
特征值	3.979	1.610	1.271
解释变异量（%）	39.788	16.095	12.714
累计解释变异量（%）	68.598		
KMO 值	0.782		
Bartlett 球形检验卡方值	421.888		
显著性概率	0.000		

4.4.2　子公司资源获取机制的预测试结果分析

4.4.2.1　子公司资源获取机制初始条款的 CITC 值及信度分析

从表 4.10 中可以看出，母公司注意力资源获取与常规资源获取各自包含五项测量条款，CITC 值均大于 0.5。母公司注意力资源获取量表 α 系数为 0.871，常规资源获取量表的 α 系数为 0.912，无须删除测量条款。整体量表的 α 系数为 0.909，信度很好。

4.4.2.2　子公司资源获取初始测量条款的探索性因子分析

对变量“子公司资源获取”的十项初始测量条款进行净化后，需要进行探索性因子分析。从表 4.11 中可知，KMO 值为 0.844，Bartlett 球形检验卡方值为 896.001，显著性概率为 0.000，适合进行因子分析。并最终提取出两个特征值大于 1 的因子，累计解释变异量为 74.439%。根据前文的理论分析，因子 1 命名为潜在资源获取，因子 2 命名为常规资源获取。

表 4.10　子公司资源获取初始测量条款的 CITC 分析和信度分析

测量条款	$CITC_1$	条款删除后的 α 系数	α 系数	整体 α 系数
HA1	0.775	0.825	α = 0.871	0.909
HA2	0.765	0.827		
HA3	0.773	0.824		
HA4	0.622	0.861		
HA5	0.565	0.873		
KA1	0.696	0.908	α = 0.912	
KA2	0.797	0.888		
KA3	0.745	0.898		
KA4	0.874	0.871		
KA5	0.777	0.893		

表 4.11　母公司注意力资源获取初始测量条款的因子分析

测量条款	因子 1	因子 2
HA1	0.887	
HA2	0.873	
HA3	0.811	
HA4	0.773	
HA5	0.736	
KA1		0.925
KA2		0.814
KA3		0.796
KA4		0.786
KA5		0.768
特征值	5.840	1.604
解释变异量（%）	58.404	16.035
累计解释变异量（%）	74.439	
KMO 值	0.844	
Bartlett 球形检验卡方值	896.001	
显著性概率	0.000	

4.4.3 子公司创业行为的预测试结果分析

4.4.3.1 子公司创业初始条款的CITC值及信度分析

从表4.12中可以看出，子公司内部创业行为与外部创业行为各自包含三项测量条款，CITC值均大于0.5。子公司内部创业行为量表α系数为0.792，子公司外部资源获取量表的α系数为0.885，无须删除测量条款。整体量表的α系数为0.914，信度很好。

表4.12　子公司创业行为初始测量条款的CITC分析和信度分析

测量条款	$CITC_1$	条款删除后的α系数	α系数	整体α系数
SI1	0.656	0.735	α=0.792	0.914
SI2	0.672	0.684		
SI3	0.712	0.649		
SI4	0.761	0.859	α=0.885	
SI5	0.820	0.800		
SI6	0.769	0.844		

4.4.3.2 子公司创业行为初始测量条款的探索性因子分析

对“子公司创业行为”的初始测量条款进行净化后，需要进行探索性因子分析。考虑到子公司外部创业行为的条款主要借鉴了成熟量表，而子公司内部创业行为的条款主要是自主开发而来，本书决定采用分层面因素分析的方法。分层面因素分析法，适用于问卷编制过程，已利用了理论研究成果，量表的层面结构已确定，并经过了“专家效度”检验的情况。①

首先看子公司内部创业行为量表，其KMO值为0.675，Bartlett球形检验卡方值为119.596，显著性概率为0.000，适合进行因子分析，并最终得到一个特征值大于1的因子（见表4.13），该因子解释的变异量比例为72.356%。

其次看子公司外部创业行为量表，其KMO值为0.737，Bartlett球形检验卡

① 吴明隆.SPSS统计应用实务——问卷分析与应用统计［M］.北京：科学出版社，2003.

方值为188.431，显著性概率为0.000，适合进行因子分析，最终也得到一个特征值大于1的因子（见表4.14），该因子解释变异量比例为81.730%。

表4.13　子公司内部创业行为初始测量条款的因子分析

测量条款	因子载荷
SI1	0.893
SI2	0.842
SI3	0.824
特征值	2.171
解释变异量（%）	72.356
累计解释变异量（%）	72.356
KMO值	0.675
Bartlett球形检验卡方值	119.596
显著性概率	0.000

表4.14　子公司外部创业行为初始测量条款的因子分析

测量条款	因子载荷
SI4	0.924
SI5	0.895
SI6	0.892
特征值	2.452
解释变异量（%）	81.730
累计解释变异量（%）	81.730
KMO值	0.737
Bartlett球形检验卡方值	188.431
显著性概率	0.000

4.5　本章小结

首先介绍了问卷设计的过程。其次，对本章中的变量进行了操作性定义并设计测量条款。主要参考现有成熟量表，得到母子公司关系嵌入性的初始测量条款 12 项，子公司创业行为的初始测量条款 6 项，子公司资源获取的初始测量条款 12 项。最后，收集了 112 个有效预试样本以检验初始问卷的质量。依据 CITC 值剔除了部分条款后，检验了问卷的信度与效度，进一步调整问卷，并最终得到正式问卷。在最终形成的测量问卷中，母子公司关系嵌入性的测量条款有 10 项，包括母公司信任、关系的紧密性与共享机制三个维度。子公司资源获取机制的测量条款 10 项，包括母公司注意力资源获取与常规资源获取两个维度。子公司创业行为的测量条款有 6 项，分为子公司外部创业行为与子公司内部创业行为两个维度。

第5章　大样本调查及假设检验

本章主要介绍大样本调查的过程及实证研究结果，包括四个部分：第一部分介绍数据的收集过程；第二部分对数据和测量条款进行描述性分析；第三部分对各变量进行信度与效度分析，确定数据质量能够满足研究需要；第四部分主要是对本书提出的研究假设进行验证。在第四部分中，首先对控制变量的影响进行分析，主要采用单因素方差分析法；其次采用结构方程模型法对理论模型进行了验证；最后分析了由注意力资源获取与常规资源获取共同担任中介变量的多重中介效应，并对假设检验结果进行汇总。

5.1　研究数据的收集

5.1.1　样本的选择

本书是基于子公司视角的研究，目的是考察母子公司关系嵌入性、子公司资源获取与子公司创业行为的关系。根据现有研究的经验，本书选取的样本企业必须是子公司且成立时间在三年以上。因为按照GEM界定标准，只有成立时间在三年以上的企业才是已建企业，而成立时间在三年以下的企业不属于已建企业，而属于新创企业（秦剑、张玉利，2013）。样本企业与母公司通过多种纽带联结在一起，母公司主要是通过产权纽带掌握子公司的控制权①，排除纯粹资本经营性的非产业经营型子公司。

5.1.2 样本量的确定

本章拟采用结构方程模型（SEM）进行假设检验，样本的数量会对研究结果产生影响。对SEM研究而言，一般的样本数量应该在200~500个。② 如果不能满足这个要求，每个观察变量至少要有5个样本，最好有10个以上的样本（吴明隆，2014）。本书共有26个观察变量，拟发放问卷500份。

5.1.3 问卷的发放与回收

2014年3~9月，对济南、青岛、烟台、北京、上海、广西、河南等多个地区的符合本书研究需要的子公司发放问卷。调研对象以子公司的高层管理者为主，对母子公司关系及子公司创业情况比较了解的中层管理人员也在调研范围内。每个子公司仅需一位调查对象回答。数据收集方法主要有电子邮件问卷、邮寄问卷、社交媒体扩散以及在线问卷调查平台（问卷星）四种方法。此次问卷调查共发放问卷超过500份，回收313份，问卷回收率为62.6%。

5.1.4 问卷的筛选

对回收的问卷进行筛选时，除了采用预测试问卷筛选的标准以外，还对填答人员在该企业的工作年限也做了限制。填答人工作年限在两年以下的样本，避免因为填答人对企业情况了解不充分造成的信息不准确。按上述标准剔除43份问卷后，获得有效问卷270份，有效回收率为54%。

---

① 陈志军．集团公司管理［M］．北京：中国人民大学出版社，2014.

② Schumacker, R. E., Lomax, R. G.. A Beginner's Guide to Structural Equation Modeling [M]. Mahwah, NJ: Lawrence Erlbaum Associates, 1996.

5.2 描述性统计

5.2.1 样本特征的描述性统计

5.2.1.1 企业成立年限

如表5.1所示，成立时间在3～5年的有104家，占有效样本量的38.52%；成立时间在5～10年的有46家，占有效样本量的17.04%；成立时间在10年以上的企业有120家，占有效样本量的44.44%。

表5.1 样本企业成立年限统计

公司成立年限	样本数（家）	百分比（%）
3～5年	104	38.52
5～10年	46	17.04
10年以上	120	44.44
总计	270	100.0

5.2.1.2 企业规模

如表5.2所示，样本企业中员工人数在50人以下的企业有45家，占有效样本量的16.7%；50～100人的企业有45家，占有效样本量的16.7%；100～300人的企业有70家，占有效样本量的25.9%；300～500人的企业有14家，占有效样本量的5.2%；500人以上的企业有96家，占有效样本量的35.6%。

表5.2 样本企业规模统计

公司员工数量	样本数（家）	百分比（%）
50人以下	45	16.7
50～100人	45	16.7
100～300人	70	25.9

续表

公司员工数量	样本数（家）	百分比（%）
300~500人	14	5.2
500人以上	96	35.6
总计	270	100.0

5.2.1.3 与母公司的地理距离

样本企业与母公司的地理距离分布情况如表5.3所示。其中，同一城市有161家，占有效样本量的59.6%；不同城市，同一省份的有38家，占有效样本量的14.1%；不同省份，同一地区的有21家，占有效样本量的7.8%；不同地区，同一国家的有43家，占有效样本量的15.9%；跨国企业有7家，占有效样本量的2.6%。

表5.3 与母公司的地理距离分布统计

与母公司的地理距离	样本数（家）	百分比（%）
同一城市	161	59.6
不同城市，同一省份	38	14.1
不同省份，同一地区	21	7.8
不同地区，同一国家	43	15.9
跨国	7	2.6
总计	270	100.0

5.2.1.4 企业性质

样本企业的企业性质统计情况如表5.4所示。其中，国有独资型企业有54家，占有效样本量的20.0%；国有控股型企业有82家，占有效样本量的30.4%；民营企业有102家，占有效样本量的37.8%；中外合资企业有21家，占有效样本量的7.8%；外商独资企业有11家，占有效样本量的4.1%。

5.2.1.5 母公司持股比例

样本企业母公司持股比例统计情况如表5.5所示。其中，全资子公司有132家，占有效样本量的48.9%；绝对控股型子公司，有96家，占有效样本量的

35.6%；相对控股型子公司有34家，占有效样本量的12.6%；参股型子公司有8家，占有效样本量的3.0%。

表5.4　样本企业性质统计

企业性质	样本数（家）	百分比（%）
国有独资	54	20.0
国有控股	82	30.4
民营企业	102	37.8
中外合资	21	7.8
外商独资	11	4.1
总计	270	100.0

表5.5　样本企业母公司持股比例统计

持股比例	样本数（家）	百分比（%）
全资（持股100%）	132	48.9
绝对控股（大于50%）	96	35.6
相对控股	34	12.6
参股	8	3.0
总计	270	100.0

5.2.1.6　填答人的职务等级

样本填答人的职务等级分布如表5.6所示。其中，总经理（CEO）或董事长有25人，占有效样本量的9.3%；高层管理人员有152人，占有效样本量的56.3%；中层管理人员有93人，占有效样本量的34.4%。

表5.6　填答人的职务等级统计

填答人的职务等级	样本数（人）	百分比（%）
总经理（CEO）或董事长	25	9.3
高层管理人员	152	56.3
中层管理人员	93	34.4
总计	270	100

5.2.1.7 贵公司负责人曾在母公司任职情况

贵公司负责人曾在母公司的任职情况分布如表5.7所示。其中，未曾在母公司任职的有66人，占有效样本量的24.4%；在母公司任职5年以下的有43人，占有效样本量的15.9%；在母公司任职5~10年的有80人，占有效样本量的29.6%；在母公司任职超过10年的有81人，占有效样本量的30%。

表5.7 贵公司负责人曾在母公司任职情况统计

贵公司负责人曾在母公司任职情况	样本数（人）	百分比（%）
未曾任职	66	24.4
少于5年	43	15.9
5~10年	80	29.6
10年以上	81	30.0
总计	270	100.0

5.2.1.8 填答人的工作年限

样本填答人的工作年限分布如表5.8所示。其中，工作年限在3~5年的有101人，占有效样本量的37.4%；工作年限在6~10年的有120人，占有效样本量的44.4%；工作年限在10年以上的有49人，占有效样本量的18.1%。

表5.8 填答人的工作年限统计

填答人的工作年限	样本数（人）	百分比（%）
3~5年	101	37.4
6~10年	120	44.4
10年以上	49	18.1
总计	270	100.0

从样本的描述性统计可见，样本分布情况良好，符合本书研究需要。特别是企业成立时间在三年以上、填答人要有三年以上本单位工作经验的要求，排除了由于对企业情况不够了解而错填、误填的情况，也避免了将公司创业行为与初创企业（成立时间短于三年）的创业行为混淆的可能性，进一步保证了调查结果

的有效性。

5.2.2 测量条款的描述性统计

对测量条款进行描述性统计分析，有助于全面地了解样本总体的分布状态。一般认为，当偏度的绝对值小于3，峰度的绝对值小于10时，样本数据基本服从正态分布。[①] 通过表5.9可以看出，本书中样本的均值、标准差、偏度、峰度等指标均满足这一标准，可以判断各变量测量条款的评价值基本能够满足正态分布。

表5.9 测量条款的描述性统计

测量条款	最小值	最大值	均值	标准差	偏度（S）	偏度标准差	峰度（K）	峰度标准差
SC1	1	5	3.87	1.053	-0.777	0.148	0.089	0.295
SC2	1	5	3.54	0.974	-0.321	0.148	-0.318	0.295
SC3	1	5	3.82	0.913	-0.489	0.148	-0.097	0.295
ST1	1	5	4.12	0.880	-0.828	0.148	0.175	0.295
ST2	1	5	3.67	0.986	-0.682	0.148	0.321	0.295
ST3	1	5	3.71	1.040	-0.425	0.148	-0.580	0.295
ST4	1	5	3.66	0.966	-0.410	0.148	-0.358	0.295
SS1	2	5	4.16	0.841	-0.573	0.148	-0.677	0.295
SS2	2	5	4.22	0.795	-0.636	0.148	-0.484	0.295
SS3	1	5	4.18	0.857	-0.851	0.148	0.224	0.295
HA1	1	5	3.23	1.152	-0.172	0.148	-0.860	0.295
HA2	1	5	3.13	1.082	0.016	0.148	-0.654	0.295
HA3	1	5	3.66	1.010	-0.322	0.148	-0.531	0.295
HA4	1	5	3.66	1.078	-0.410	0.148	-0.625	0.295
HA5	1	5	3.32	1.047	-0.158	0.148	-0.570	0.295
KA1	1	5	3.76	1.070	-0.729	0.148	-0.063	0.295
KA2	1	5	3.57	1.053	-0.486	0.148	-0.333	0.295
KA3	1	5	3.47	1.116	-0.400	0.148	-0.525	0.295

① Kline, R. B.. Principles and Practice of Struetural Equation Modeling [M]. New York: The Guilford Press, 1998.

续表

测量条款	最小值	最大值	均值	标准差	偏度（S）	偏度标准差	峰度（K）	峰度标准差
KA4	1	5	3.20	1.107	-0.195	0.148	-0.504	0.295
KA5	1	5	3.22	1.111	-0.097	0.148	-0.808	0.295
SI1	1	5	3.45	1.190	-0.550	0.148	-0.529	0.295
SI2	1	5	3.70	1.162	-0.835	0.148	-0.054	0.295
SI3	1	5	3.65	1.251	-0.808	0.148	-0.301	0.295
SI4	1	5	3.74	1.188	-0.745	0.148	-0.347	0.295
SI5	1	5	3.83	1.180	-0.778	0.148	-0.440	0.295
SI6	1	5	3.67	1.204	-0.722	0.148	-0.391	0.295

5.3 数据的信度与效度分析

5.3.1 信度与效度的分析方法

在进行假设检验前，为了保证测量的可信性与有效性，需要对样本数据进行信度与效度分析。信度分析主要是反映测试结果的可信赖性，信度越高，说明量表越稳定（吴明隆，2003）。效度分析主要是反映测量结果能够达到测试目的的程度，通常采用建构效度（Construct Validity）作为评价指标，此类效度包括收敛（聚合）效度与区分效度。① 信度与效度的具体方法与标准可概括如下：

内部一致性信度仍按照第4章中的分析方法，采用Cronbach's α系数来判断。效度的检验采用探索性因子分析与验证性因子分析相结合的方法。探索性因子分析的目的在于确认量表的结构，验证性因子分析则是检验此结构的适切性与真实性（吴明隆，2009）。收敛效度是指同一构面不同项目之间应该具有显著的相关性，用潜在变量提取的平均方差（Average Variance Extracted，AVE）来反

① Shook, L., Ketchen, J., Hult, M.. An Assessment of the Use of Structural Equation Modeling in Strategic Management Research [J]. Strategic Management Journal, 2004 (25): 397-404.

映，一般认为 AVE 值应大于 0.5[①]，表示至少有一半变异是可以由该变量解释的，AVE 值在 0.7 以上更为理想[②]。区分效度所探讨的是排他性的问题[③]，各变量的 AVE 平方根要大于该变量与其他变量的相关系数，说明区分效度良好。

5.3.2 母子公司关系嵌入性的信度与效度分析

5.3.2.1 母子公司关系嵌入性的信度分析

对母子公司关系嵌入性的三个维度进行信度检验，结果如表 5.10 所示。各题项的 CITC 值均大于 0.5，母子公司关系嵌入性各维度的 α 系数均大于 0.7。母子公司关系嵌入性整体量表的 α 系数为 0.835，说明量表具有较高的内部一致性。

表 5.10 母子公司关系嵌入性的信度分析

因子结构	题项	CITC	条款删除后的 α 系数	各维度 α 系数	整体 α 系数
关系紧密性（SC）	SC1	0.584	0.782	0.793	0.835
	SC2	0.706	0.642		
	SC3	0.628	0.730		
母公司信任（ST）	ST1	0.658	0.856	0.868	
	ST2	0.727	0.829		
	ST3	0.729	0.830		
	ST4	0.774	0.810		
共享机制（SS）	SS1	0.679	0.759	0.825	
	SS2	0.677	0.762		
	SS3	0.687	0.752		

5.3.2.2 母子公司关系嵌入性的探索性因子分析

由表 5.11 可知，母子公司关系嵌入性共 10 项测量条款，其 KMO 值为 0.823，Bartlett 球形检验的显著性水平为 0.000，适合进行因子分析，并最终提

① Fornell, C., Larcer, D. F.. Evaluating Structural Equation Models with Unobservable Variables and Measurement Error [J]. Journal of Marketing Research, 1981, 18 (1): 39-50.

② 荣泰生. AMOS 与研究方法 [M]. 重庆：重庆大学出版社，2009.

③ 荣泰生. 企业研究方法 [M]. 北京：中国税务出版社，2005.

取三个特征值大于1的因子，三个因子累计解释变异量为73.177%，依据前文命名为母公司的信任、关系紧密性和共享机制。

表5.11 母子公司关系嵌入性的探索性因子分析

变量	维度	测量条款	因子1	因子2	因子3
母子公司关系嵌入性	SC	SC1		0.753	
		SC2		0.870	
		SC3		0.865	
	ST	ST1	0.825		
		ST2	0.815		
		ST3	0.792		
		ST4	0.845		
	SS	SS1			0.801
		SS2			0.862
		SS3			0.805
特征值			4.145	1.848	1.325
解释变异量（%）			41.446	18.481	13.249
累计解释变异量（%）			73.177		
KMO			0.823		
Bartlett球形检验卡方值			1216.340		
显著性概率			0.000		

5.3.2.3 母子公司关系嵌入性的验证性因子分析

母子公司关系嵌入性的验证性因子分析结果如表5.12所示，模型整体拟合效果较好。从绝对拟合指标看，$\chi^2/df=2.065$，小于3，表示模型有简约适配程度，RMSEA = 0.063，在0.05 ~ 0.08，表示适配合理；GFI = 0.953，AGFI = 0.919，均大于0.9。增值适配度指标NFI = 0.947，IFI = 0.972，TLI = 0.960，CFI = 0.971，各指标均超过临界值0.90，该测量模型有效。此外，从表5.12中还可以看出，各显变量的标准化因子负荷都在0.5以上，各因子的组合信度CR值都大于0.7，AVE值均大于0.5，说明该部分问卷的内在质量理想，问卷的信度与收敛效度良好。母子公司关系嵌入性的验证性因子分析测量模型如图5.1所示。

表 5.12　母子公司关系嵌入性的验证性因子分析

题项	变量	标准化负荷	估计值标准误 S. E.	临界比 C. R.	AVE	CR
ST1	ST	0.700			0.627	0.870
ST2		0.801	0.108	11.843		
ST3		0.802	0.114	11.854		
ST4		0.856	0.108	12.462		
SC1	SC	0.667			0.579	0.803
SC2		0.879	0.123	9.860		
SC3		0.721	0.095	9.829		
SS1	SS	0.787			0.610	0.824
SS2		0.751	0.077	11.643		
SS3		0.805	0.085	12.199		
拟合优度	$\chi^2=66.065$，$df=32$，$\frac{\chi^2}{df}=2.065$，RMR = 0.048，RMSEA = 0.063，GFI = 0.953，AGFI = 0.919，NFI = 0.947，IFI = 0.972，TLI = 0.960，CFI = 0.971					

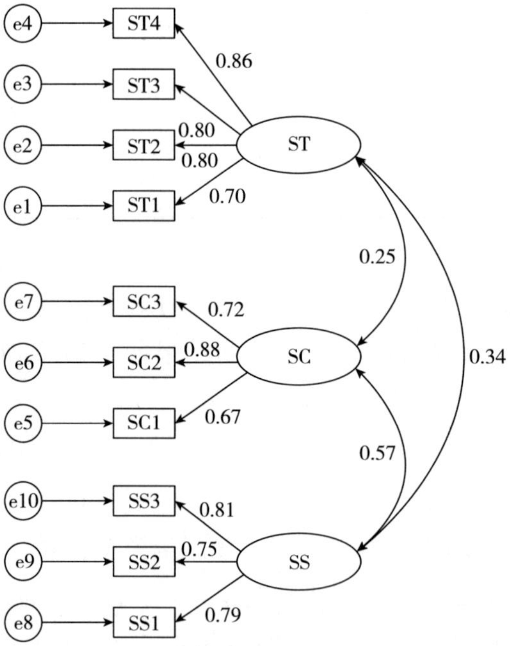

图 5.1　母子公司关系嵌入性的验证性因子分析测量模型

5.3.2.4 母子公司关系嵌入性的区分效度分析

在表5.13中，对角线上的数字是变量AVE平方根，带有*的数字为该变量与其他变量的相关系数。可见，各个变量的AVE平方根都大于该变量与其他变量的相关系数，说明母子公司关系嵌入性量表具有较好的区别效度。

表5.13 母子公司关系嵌入性的区分效度分析

变量	SC	ST	SS
SC	0.761		
ST	0.474**	0.792	
SS	0.378**	0.455**	0.781

5.3.3 子公司资源获取的信度与效度分析

5.3.3.1 子公司资源获取的信度分析

对子公司资源获取的两个维度进行信度检验，结果如表5.14所示。各题项的CITC值均大于0.5，且各维度的α系数均大于0.8。子公司资源获取整体量表的α系数为0.916，量表具有很高的内部一致性。

表5.14 子公司资源获取的信度分析

<table>
<tr><th>因子结构</th><th>题项</th><th>CITC</th><th>条款删除后的α信度系数</th><th>各维度α系数</th><th>整体α系数</th></tr>
<tr><td rowspan="5">常规资源获取（KA）</td><td>KA1</td><td>0.803</td><td>0.911</td><td rowspan="5">0.927</td><td rowspan="10">0.916</td></tr>
<tr><td>KA2</td><td>0.828</td><td>0.907</td></tr>
<tr><td>KA3</td><td>0.801</td><td>0.912</td></tr>
<tr><td>KA4</td><td>0.831</td><td>0.906</td></tr>
<tr><td>KA5</td><td>0.779</td><td>0.916</td></tr>
<tr><td rowspan="5">母公司注意力资源获取(HA)</td><td>HA1</td><td>0.657</td><td>0.859</td><td rowspan="5">0.874</td></tr>
<tr><td>HA2</td><td>0.731</td><td>0.840</td></tr>
<tr><td>HA3</td><td>0.766</td><td>0.833</td></tr>
<tr><td>HA4</td><td>0.626</td><td>0.865</td></tr>
<tr><td>HA5</td><td>0.742</td><td>0.838</td></tr>
</table>

5.3.3.2 子公司资源获取的探索性因子分析

子公司资源获取共10项测量条款，其KMO值为0.894，Bartlett球形检验的显著性水平为0.000，适合进行因子分析，并最终抽取两个特征值大于1的因子，分别为常规资源获取与母公司注意力资源获取，累计解释变异量为72.327%（见表5.15）。

表5.15 子公司资源获取的探索性因子分析

变量	维度	测量条款	因子1	因子2
子公司资源获取	KA	KA1	0.842	
		KA2	0.831	
		KA3	0.819	
		KA4	0.879	
		KA5	0.812	
	HA	HA1		0.774
		HA2		0.812
		HA3		0.808
		HA4		0.684
		HA5		0.802
特征值			5.744	1.489
解释变异量（%）			57.438	14.889
累计解释变异量（%）			72.327	
KMO			0.894	
Bartlett 球形检验卡方值			1906.924	
显著性概率			0.000	

5.3.3.3 子公司资源获取的验证性因子分析

从绝对拟合指标看，$\chi^2/df=4.249$，RMSEA=0.083，GFI=0.878，AGFI=0.802等拟合不够理想。但是χ^2/df仍然能够满足小于5的宽松规定，MacCallum（1996）认为RMSEA值在0.08~0.10，还说明模型是普通适配的。增值适配度指标NFI=0.908，IFI=0.924，TLI=0.899，CFI=0.924均接近或超过临界值0.90（见表5.16）。Bagozzi和Yi（1988）特别强调，只要模型的理论建构合理，就不能过分依靠模型适配指标来调整模型（见图5.2）。因此，综合各类指标，可以认为子公司资源获取测量模型依然是有效的。从表5.16中还可以看出，各个变量的标准化因子负荷都在 0.5 以上，各因子的组合信度 CR 值都大于 0.7，AVE 值均大于 0.5，说明该部分问卷具有理想的内在质量，问卷的信度与收敛效度良好。

表 5.16　子公司资源获取的验证性因子分析

题项	变量	标准化负荷	估计值标准误 S. E.	临界比 C. R.	AVE	CR
KA1	KA	0.848			0.719	0.927
KA2		0.875	0.055	18.484		
KA3		0.839	0.060	17.239		
KA4		0.816	0.061	16.481		
KA5		0.860	0.058	17.950		
HA1	HA	0.708			0.589	0.877
HA2		0.767	0.087	11.649		
HA3		0.831	0.082	12.514		
HA4		0.722	0.087	11.002		
HA5		0.803	0.085	12.140		
拟合优度	$\chi^2=144.466$，$df=34$，$\frac{\chi^2}{df}=4.249$，RMR = 0.058，RMSEA = 0.083，GFI = 0.878，AGFI = 0.802，NFI = 0.908，IFI = 0.924，TLI = 0.899，CFI = 0.924					

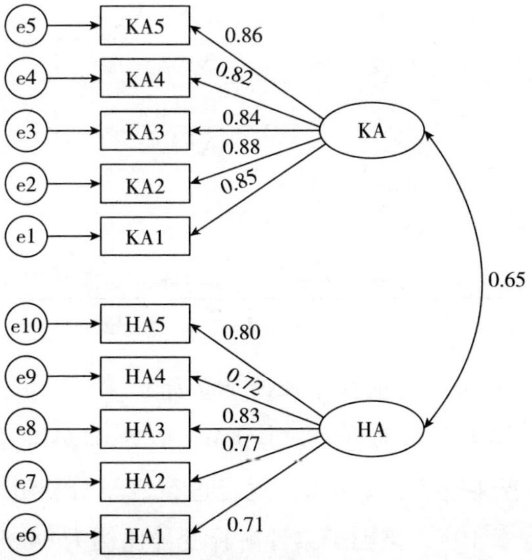

图 5.2　子公司资源获取的验证性因子分析测量模型

5.3.3.4　子公司资源获取的区分效度分析

如表5.17所示，子公司资源获取两个变量的AVE平方根都大于两者相关系数，说明该部分具有较好的区别效度。

表5.17　母子公司关系嵌入性的区分效度分析

变量	KA	HA
KA	0.848	
HA	0.588*	0.768

注：*表示 $p<0.05$。

5.3.4　子公司创业行为的信度与效度分析

5.3.4.1　子公司创业行为的信度分析

对子公司创业的两个维度进行信度检验，结果如表5.18所示。各条款的CITC值均大于0.5，各维度的α系数均大于0.9。子公司资源获取整体量表的α系数为0.934，说明量表具有很高的内部一致性。

表5.18　子公司创业的信度分析

因子	题项	CITC	条款删除后的α信度系数	各维度α系数	整体α系数
内部创业（SIR）	SI1	0.768	0.909	0.908	0.934
	SI2	0.843	0.848		
	SI3	0.843	0.846		
外部创业（SIT）	SI4	0.856	0.874	0.921	
	SI5	0.821	0.902		
	SI6	0.844	0.884		

5.3.4.2　子公司创业行为的探索性因子分析

首先看子公司内部创业行为量表，其KMO值为0.741，Bartlett球形检验卡方值为556.467，显著性概率为0.000，适合进行因子分析并提取出1个特征值大于1的因子（见表5.19），该因子累计解释变异比例为84.590%。

表 5.19　子公司内部创业行为的因子分析

测量条款	因子载荷
SI1	0.892
SI2	0.933
SI3	0.934
特征值	2.538
解释变异量（%）	84.590
累计解释变异量（%）	84.590
KMO 值	0.741
Bartlett 球形检验卡方值	556.467
显著性概率	0.000

其次看子公司外部创业行为量表，其 KMO 值为 0.760，Bartlett 球形检验卡方值为 600.445，显著性概率为 0.000，同样适合进行因子分析，提取出 1 个特征值大丁 1 的因了（见表 5.20），该因子解释变异量比例为 86.426%。

表 5.20　子公司外部创业行为的因子分析

测量条款	因子载荷
SI4	0.938
SI5	0.920
SI6	0.931
特征值	2.593
解释变异量（%）	86.426
累计解释变异量（%）	86.426
KMO 值	0.760
Bartlett 球形检验卡方值	600.445
显著性概率	0.000

5.3.4.3　子公司创业行为的验证性因子分析

从绝对拟合指标看，$\chi^2/df=2.025$，小于 3，表示模型有简约适配程度，RMSEA＝0.062，在 0.05～0.08，表示适配合理；GFI＝0.980，AGFI＝0.947，均大

于0.9。增值适配度指标 NFI = 0.989，IFI = 0.994，TLI = 0.989，CFI = 0.994，各指标均超过临界值0.90（见表5.21）。可以认为子公司创业行为的测量模型（见图5.3）有效，建构效度较好。从表5.21中还可以看出，各显变量的标准化因子负荷都在0.5以上，各因子的组合信度CR值都大于0.7，AVE值均大于0.5，说明该部分问卷内在质量比较理想，问卷的信度与收敛效度良好。

表5.21　子公司创业行为的验证性因子分析

题项	变量	标准化负荷	估计值标准误 S.E.	临界比 C.R.	AVE	CR
SI1	SIR	0.818			0.774	0.911
SI2		0.898	0.060	17.942		
SI3		0.920	0.064	18.510		
SI4	SIT	0.919			0.796	0.921
SI5		0.864	0.045	20.950		
SI6		0.893	0.044	22.512		
拟合优度	$\chi^2=16.198$，$df=8$，$\frac{\chi^2}{df}=2.025$，RMR = 0.030，RMSEA = 0.062，GFI = 0.980，AGFI = 0.947，NFI = 0.989，IFI = 0.994，TLI = 0.989，CFI = 0.994					

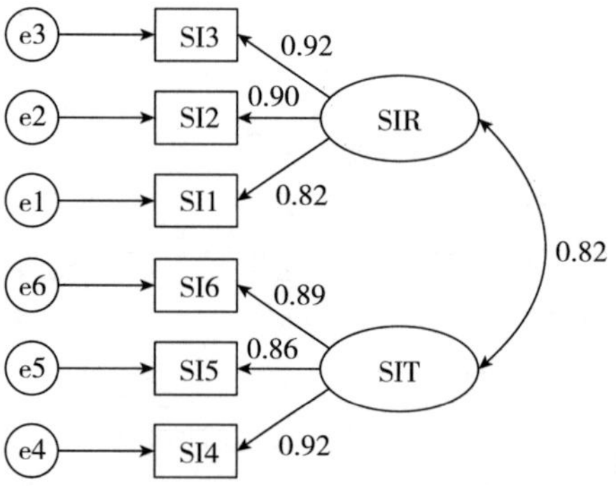

图5.3　子公司创业行为的验证性因子分析测量模型

5.3.4.4　子公司创业行为的区分效度分析

如表5.22所示，子公司创业行为两个变量的AVE平方根都大于两者的相关系数，说明该部分具有较好的区别效度。

表 5.22　子公司创业行为的区分效度分析

变量	SIR	SIT
SIR	0.880	
SIT	0.761**	0.892

注：** 表示 $p<0.01$。

5.4　假设检验

5.4.1　变量的描述性统计与相关分析

母子公司关系嵌入性的三个结构因子（母公司的信任、关系紧密性、共享机制），子公司创业行为的两个结构因子（内部创业、外部创业），子公司资源获取的两个结构因子（母公司注意力资源获取、常规资源获取）等都是潜变量，本书用均值法对其进行赋值。各潜变量赋值后的描述性统计结果如表 5.23 所示。从表中可以看出，各潜变量的均值均大于 2 倍的标准差，说明各潜变量分布波动不大。其中母子公司共享机制的均值最大为 4.185，说明共享机制在母子公司关系嵌入性中具有突出地位。表 5.24 为各潜变量的 Pearson 相关系数矩阵。从表中可见，各变量均在 0.01 水平上显著正向相关，初步判断研究设计的自变量与因变量间具有显著正向关系，符合预期，适于深入分析。

表 5.23　变量的描述性统计

变量	题项数目	最小值	最大值	均值	标准差	样本数
母公司信任（ST）	4	1.25	5.00	3.790	0.821	270
关系紧密性（SC）	3	1.33	5.00	3.744	0.826	270
共享机制（SS）	3	2.00	5.00	4.185	0.715	270
母公司注意力资源获取（HA）	5	1.00	5.00	3.400	0.876	270
常规资源获取（KA）	5	1.00	5.00	3.444	0.960	270
内部创业（SIR）	3	1.00	5.00	3.600	1.105	270
外部创业（SIT）	3	1.00	5.00	3.746	1.107	270

表 5.24 变量的相关系数矩阵

变量	SC	ST	SS	HA	KA	SIR	SIT
SC	1						
ST	0.234**	1					
SS	0.288**	0.474**	1				
HA	0.398**	0.378**	0.455**	1			
KA	0.258**	0.498**	0.408**	0.588**	1		
SIR	0.359**	0.611**	0.545**	0.547**	0.510**	1	
SIT	0.354**	0.545**	0.534**	0.607**	0.596**	0.761**	1

注：**表示 $p<0.01$。

5.4.2 控制变量的影响分析

控制变量可能会对测量变量间的关系产生影响。本书的控制变量有母公司持股比例、企业规模、企业年龄、母子公司的地理距离以及子公司负责人曾在母公司的任职时长等。本书采用单因素方差分析法（One－way ANOVA）检验控制变量对模型是否有显著影响。若单因素方差分析中的F值不显著，说明控制变量对测量变量的影响并不显著。若F值显著，则要判断方差是否齐性的问题。通常，可用LSD法对方差齐性的控制变量进行事后比较分析，用Tamhane法对方差不齐的控制变量进行事后比较分析（马庆国，2002）。

5.4.2.1 子公司成立年限的影响

问卷中将子公司成立年限分为3～5年、5～10年及10年以上三种情况。根据子公司的成立年限将样本分为三组，采用单因素方差分析法分析子公司成立年限对中介变量与结果变量的影响是否存在显著差异，结果如表5.25所示。可以看出，F值均不显著，样本企业年龄对母公司注意力资源获取、常规资源获取、子公司内部创业与子公司外部创业的影响均不显著（$p>0.05$），因此，在后面的假设检验中不予考虑。

5.4.2.2 子公司规模的影响

本书中的子公司规模以员工数表示，分为五种情况，据此将样本分为五组，采用单因素方差分析法进行检验，结果如表5.26所示。可以看出，F值均不显著，样本企业规模对母公司注意力资源获取、常规资源获取、子公司内部创业与子公司外部创业的影响均不显著（$p>0.05$），因此，在后面的假设检验中不予考虑。

表 5.25 子公司成立年限对中介变量与结果变量的影响

变量	方差分析					方差齐性检验	
	平方和	自由度	F 检验	Sig.	是否显著	Sig.	是否齐性
HA	2.304	2	1.000	0.394	否	0.051	是
KA	2.681	2	0.969	0.408	否	0.210	是
SIR	2.781	2	0.758	0.519	否	0.245	是
SIT	7.478	2	2.058	0.106	否	0.068	是

注：方差齐次检验的显著性水平为 0.05。

表 5.26 子公司规模对中介变量与结果变量的影响

变量	方差分析					方差齐性检验	
	平方和	自由度	F 检验	Sig.	是否显著	Sig.	是否齐性
HA	4.050	4	1.324	0.261	否	0.512	是
KA	8.248	4	2.278	0.061	否	0.006	否
SIR	4.995	4	1.024	0.395	否	0.160	是
SIT	10.205	4	2.116	0.079	否	0.042	否

注：方差齐次检验的显著性水平为 0.05。

5.4.2.3 地理距离的影响

本书把母子公司间的地理距离分为五类：同一城市、不同城市，同一省份、不同省份，同一地区、不同地区，同一国家，以及跨国经营，据此将样本数据分组，采用单因素方差分析法进行检验，结果如表 5.27 所示。可以看出，F 值均不显著，样本企业与母公司的地理距离对母公司注意力资源获取、常规资源获取、子公司内部创业与子公司外部创业的影响均不显著（$p>0.05$），因此，在后面的假设检验中不予考虑。

5.4.2.4 母公司持股比例的影响

本书把母公司的持股比例分为四类：全资（持股 100%）、绝对控股（持股大于 50%）、相对控股与参股。根据母公司的持股比例将样本数据分组，采用单因素方差分析法分析母公司持股比例的高低对中介变量与结果变量的影响是否存在显著差异，方差分析结果如表 5.28 所示。根据数据分析可以看出，样本企业的母公司的持股比例对子公司资源获取的影响显著，而对子公司内部创业与子公司外部创业的影响不显著（$p > 0.05$）。下一步，采用 LSD 法对母公司持股比例的影响进行事后比较（见表 5. 29）。从中可见，母公司为全资、绝对控股与相对控股，对子公司资源获取的影响是有显著差异的。母公司处于全资或绝对控股的子公司相较于母公司处于相对控股地位的子公司获取资源更有优势。

表 5. 27　母子公司间地理距离差异对中介变量与结果变量的影响

变量	方差分析					方差齐性检验	
	平方和	自由度	F 检验	Sig.	是否显著	Sig.	是否齐性
HA	0. 644	4	0. 207	0. 934	否	0. 013	否
KA	5. 610	4	1. 533	0. 193	否	0. 048	否
SIR	0. 933	4	0. 189	0. 944	否	0. 090	是
SIT	0. 997	4	0. 201	0. 938	否	0. 554	是

注：方差齐次检验的显著性水平为 0. 05。

表 5. 28　母公司持股比例对中介变量与结果变量的影响

变量	方差分析					方差齐性检验	
	平方和	自由度	F 检验	Sig.	是否显著	Sig.	是否齐性
HA	8. 990	3	4. 033	0. 008	是	0. 534	是
KA	10. 202	3	3. 803	0. 011	是	0. 402	是
SIR	7. 421	3	2. 051	0. 107	否	0. 092	是
SIT	3. 668	3	0. 998	0. 394	否	0. 320	是

注：方差齐次检验的显著性水平为 0. 05。

表 5. 29　基于母公司持股比例差异的事后比较分析

变量	持股比例 I	持股比例 J	均值差异（I－J）	Sig.	是否显著
HA	相对控股	全资	－0. 476	0. 004	是
		绝对控股	－0. 593	0. 001	是
		参股	－0. 459	0. 230	否
KA	相对控股	全资	－0. 591	0. 001	是
		绝对控股	－0. 579	0. 002	是
		参股	－0. 431	0. 304	否

注：方差齐次检验的显著性水平为 0. 05。

5.4.2.5 *子公司负责人曾在母公司任职情况的影响*

本书把子公司负责人曾在母公司任职情况分为四类：未曾在母公司任职、在母公司任职少于5年、在母公司任职5～10年以及在母公司任职10年以上。根据子公司负责人曾在母公司任职的情况将样本数据分组，采用单因素方差分析法分析子公司负责人曾在母公司任职的情况对中介变量与结果变量的影响是否存在显著差异，方差分析结果如表5.30所示。根据数据分析可以看出，F值均不显著。样本企业的负责人曾在母公司任职情况对母公司注意力资源获取、常规资源获取、子公司内部创业与子公司外部创业的影响均不显著（$p>0.05$），因此，在后面的假设检验中不予考虑。

表5.30 子公司负责人曾在母公司的任职情况对中介变量与结果变量的影响

变量	方差分析					方差齐性检验	
	平方和	自由度	F检验	Sig.	是否显著	Sig.	是否齐性
HA	3.088	3	1.345	0.260	否	0.243	是
KA	2.868	3	1.037	0.377	否	0.589	是
SIR	6.026	3	1.659	0.176	否	0.463	是
SIT	6.304	3	1.729	0.161	否	0.006	否

注：方差齐次检验的显著性水平为0.05。

5.4.3 结构方程模型检验

构建母子公司关系嵌入、子公司资源获取与子公司创业三者间的结构方程模型，路径结构如图5.4所示。

5.4.3.1 *初始结构方程模型*

初始模型拟合指标如表5.31所示。可见，初始模型的拟合情况不太理想，初始模型需要修正。然而吴明隆（2009）建议研究者不应根据修正指标调整预设的模型，因为修正后的模型往往改变了研究目的与初衷，并且违背了SEM的假设，所以应慎重对待。值得一提的是，AMOS软件假定所有观测变量的误差项之间都没有关系，这显然与实际情况不太相符。特别是对于新开发的量表而言，很难对不可测的因素进行周密的估计，使观测变量误差项间可能存在共变关系。因此，可以依据AMOS修正指标中误差项间的关系修正模型。

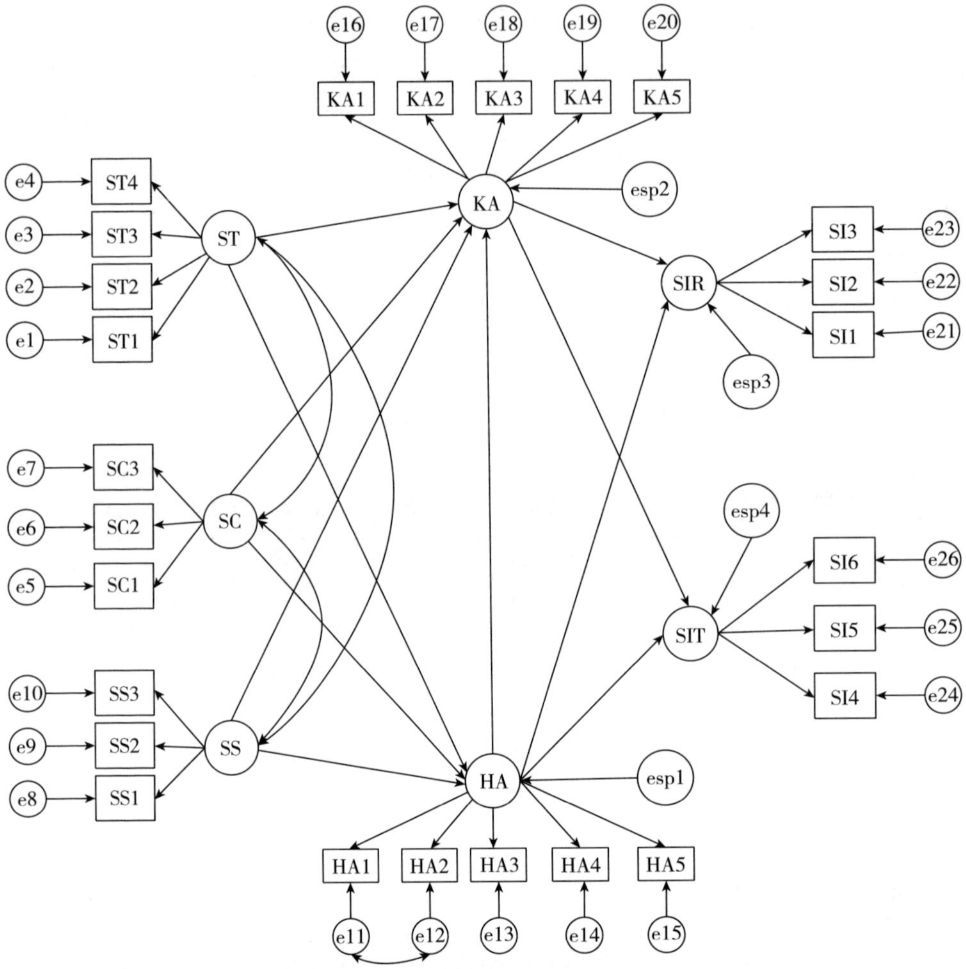

图 5.4 初始结构方程模型

表 5.31 初始结构方程模型的拟合指标

指标	χ^2/df	RMR	GFI	AGFI	NFI	IFI	TLI	CFI	RMSEA
指标值	3.090	0.096	0.771	0.718	0.839	0.885	0.868	0.884	0.088
评价标准	<5	<0.05	>0.9	>0.9	>0.9	>0.9	>0.9	>0.9	<0.08

5.4.3.2 初始模型的修正

根据 AMOS 提供的修正指标，最大的修正系数主要有两个，一个是 e11 与

e12 之间，修正系数为 104.238，说明显变量 HA1 与 HA2 之间未被测量的部分（测量误差）存在相关性；另一个是 esp3 与 esp4 之间，修正系数为 64.590，说明变量 SIT 与 SIR 之间未被测量的部分（测量误差）存在相关性。在模型修正时，一次只能对一个参数进行修正。① 限于篇幅，本书呈现的为最终修正完成的模型（见图 5.5）。

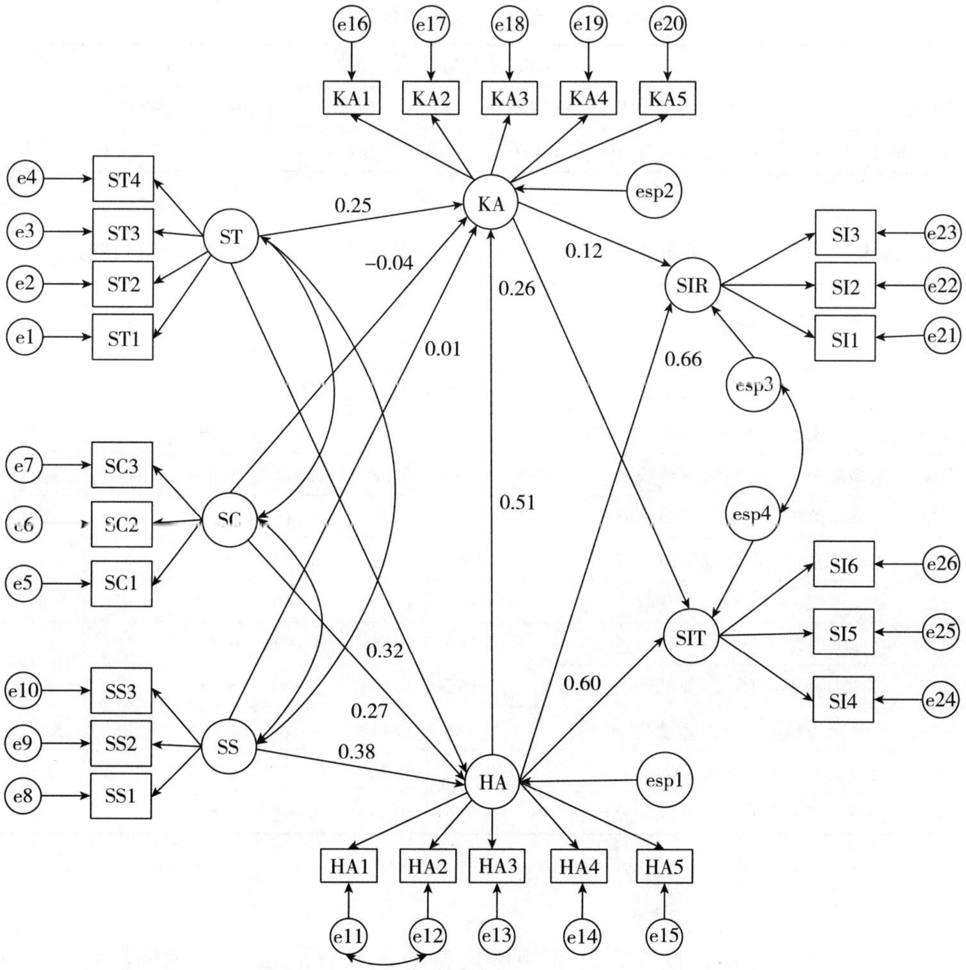

图 5.5　整体模型的修正评估

① 吴明隆．结构方程模型——AMOS 的操作与应用［M］．重庆：重庆大学出版社，2014.

从表5.32中可知，修正后的主要指标都有了明显改善。虽然GFI、AGFI尚未达标，但是考虑到多次修正可能造成修正后的模型偏离理论预期，并且对于变量较多的模型来说，完全达到普遍认定的拟合优度标准往往比较困难①，因此对于复杂模型可以适当放宽标准。因此，本书接受修正模型并把各条路径系数摘录至表5.33。

表5.32 修正模型的拟合指标

指标	χ^2/df	RMR	GFI	AGFI	NFI	IFI	TLI	CFI	RMSEA
指标值	2.453	0.053	0.821	0.778	0.873	0.921	0.908	0.920	0.073
评价标准	<5	<0.05	>0.9	>0.9	>0.9	>0.9	>0.9	>0.9	<0.08

表5.33 母子公司关系嵌入性、子公司资源获取与子公司创业的关系路径系数

对应假设	作用路径	非标准化系数	标准化系数	标准误	T值	显著性	结论
H1a	母公司信任→注意力资源获取	0.315	0.321	0.075	4.187	***	通过
H1b	关系紧密性→注意力资源获取	0.232	0.269	0.056	4.099	***	通过
H1c	共享机制→注意力资源获取	0.353	0.383	0.077	4.590	***	通过
H2a	母公司信任→常规资源获取	0.371	0.253	0.113	3.275	**	通过
H2b	关系紧密性→常规资源获取	-0.051	-0.039	0.083	-0.609	0.543	未通过
H2c	共享机制→常规资源获取	0.010	0.008	0.116	0.090	0.928	未通过
H3a	注意力资源获取→内部创业	1.062	0.660	0.162	6.564	***	通过
H3b	注意力资源获取→外部创业	1.075	0.601	0.160	6.712	***	通过
H4a	常规资源获取→内部创业	0.128	0.119	0.074	1.724	0.085	未通过
H4b	常规资源获取→外部创业	0.315	0.263	0.077	4.111	***	通过
H5	注意力资源获取→常规资源获取	0.756	0.505	0.161	4.685	***	通过

注：***表示 $p \leq 0.001$，**表示 $p \leq 0.01$，*表示 $p \leq 0.05$。

从表5.33中可知，在修正后的测量模型中，只有关系紧密性对常规资源获取的影响、共享机制对常规资源获取的影响以及常规资源获取对子公司内部创业

① Bentler, P. M., Chou, C. P.. Practical Issues in Structural Modeling [J]. Sociological Methods & Research, 1987, 16 (1): 78-117.

行为的影响不显著，其余路径均呈正向、显著水平。假设 H1a、H1b、H1c、H2a、H3a、H3b、H4b 与 H5 均获得支持（见图 5.6）。

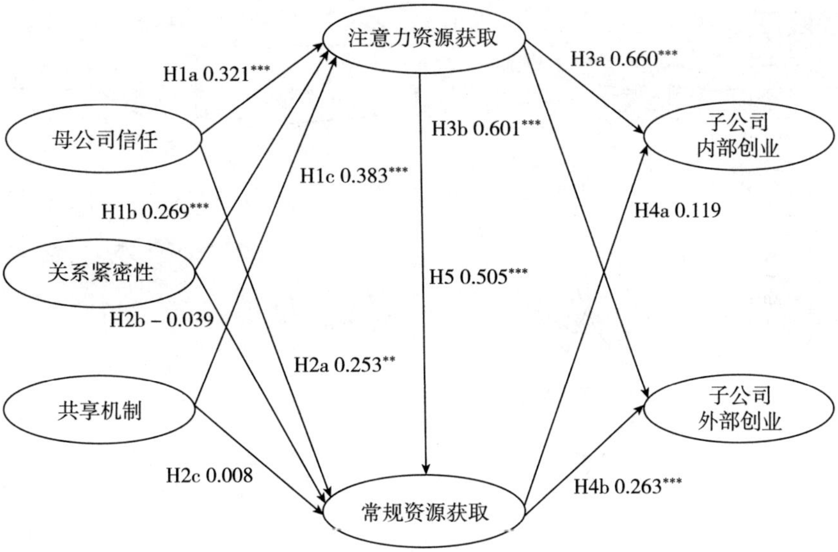

图 5.6 SEM 验证的路径系数及其显著性

注：*** 表示 $p \leq 0.001$，** 表示 $p \leq 0.01$，* 表示 $p \leq 0.05$。

5.4.4 中介效应的检验

由于本书中使用的变量均为潜变量，且模型中存在多重中介效应，利用结构方程模型来测定此类中介效应是可行的。① 多重中介效应就是存在多个中介变量的模型。本书中涉及母公司注意力资源获取（HA）与常规资源获取（KA）两个中介变量，并且母公司注意力资源获取还可能对常规资源获取产生影响，这类中介效应称为多步多重中介效应。② 多重中介模型如图 5.7 所示。尽管 AMOS 软件能够给出前因变量到结果变量的直接效应，并判断其显著性；也能给出前因变量对中介变量的直接效应和中介变量对结果变量的直接效应，并判断其显著性。但

① 方杰，温忠麟，张敏强，孙配贞．基于结构方程模型的多重中介效应分析［J］．心理科学，2014，37（3）：735－741.

② 柳士顺，凌文辁．多重中介模型及其应用［J］．心理科学，2009（32）：433－435.

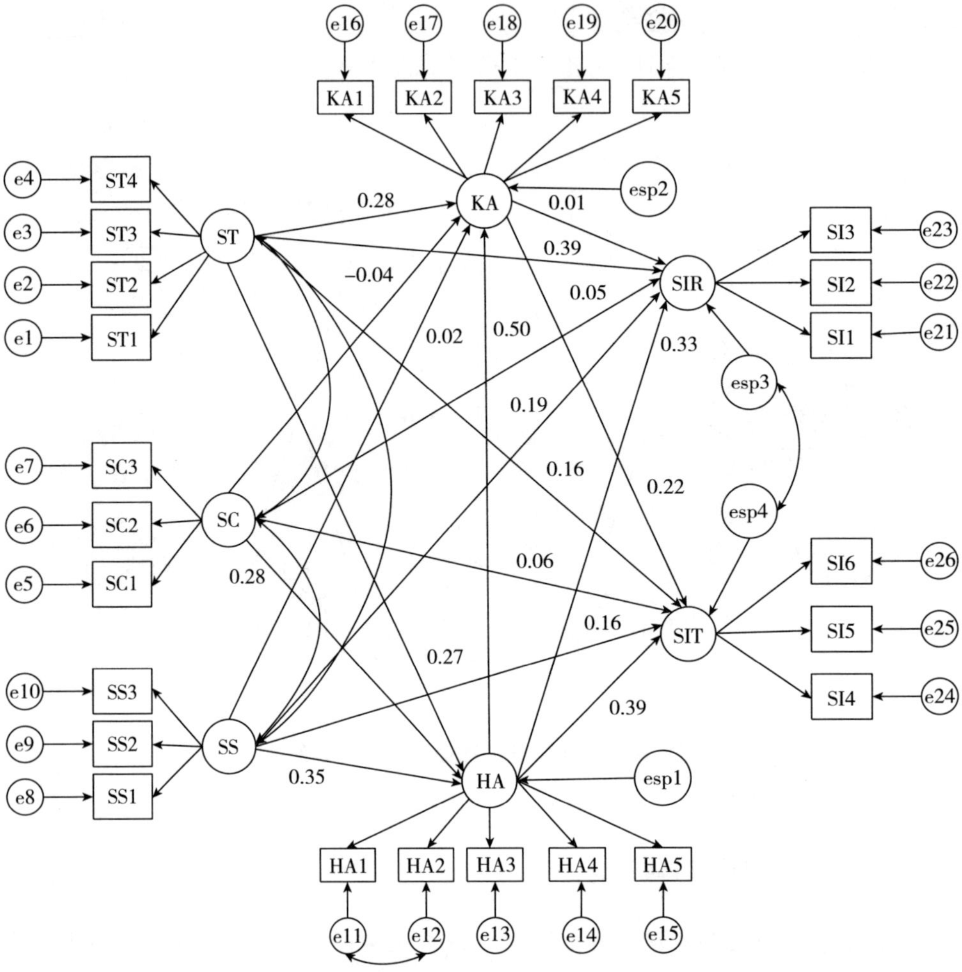

图 5.7　多重中介模型

是对于两者的乘积项，即中介效应值的显著性水平却无法直接得到，因此需采用 Bootstrap 方法来计算中介效应值的显著性水平。Bootstrap 方法是一种重复抽样技术，该方法是把原始样本当作 Bootstrap 抽样的总体，采用有放回的重复抽样，抽取大量的 Bootstrap 样本并获得统计量的过程。① 该方法实质上是模拟了从总体中

① 方杰，张敏强．参数和非参数 Bootstrap 方法的简单中介效应分析比较［J］．心理科学，2013，36（3）：722－727.

随机抽取大样本的过程。Cheung 和 Lau（2008）指出使用 Bootstrap 方法需要至少抽取 1000 个以上的样本，[①] 以确保结果的一致性与稳定性。本书中，在原始数据（N = 270）中，获取 Bootstrap 样本 1000 个，模型经过 12 次迭代后收敛，得到如下效应指标（见表 5.34）。其中，各项拟合优度指标基本达标。RMR 值为 0.072，虽然大于 0.05 的最优标准，但却仍小于 0.1 的可接受标准，因此整体模型可以接受。在此基础上，采用 Bootstrap 算法计算中介效应，（见表 5.35），表中的标准误和 T 值为 Bootstrap 算法得到。

表 5.34 多重中介模型拟合指标

指标	χ^2/df	RMR	GFI	AGFI	NFI	IFI	TLI	CFI	RMSEA
指标值	2.303	0.072	0.941	0.898	0.883	0.931	0.918	0.930	0.070
评价标准	<5	<0.05	>0.9	>0.9	>0.9	>0.9	>0.9	>0.9	<0.08

表 5.35 中介效应 Bootstrap 分析结果

路径		直接效应					间接效应					总效应				
从	至	非标	标准	标准误	T 值	显著性	非标	标准	标准误	T 值	显著性	非标	标准	标准误	T 值	显著性
SS	HA	0.359	0.354	0.100	3.590	0.002						0.359	0.354	0.100	3.590	0.002
SC		0.262	0.279	0.074	3.541	0.002						0.262	0.279	0.074	3.541	0.002
ST		0.288	0.268	0.090	3.200	0.002						0.288	0.268	0.090	3.200	0.002
SS		0.031	0.022	0.114	0.272	0.842	0.246	0.177	0.085	2.894	0.002	0.276	0.199	0.108	2.556	0.020
SC		-0.056	-0.044	0.082	-0.683	0.524	0.180	0.139	0.057	3.158	0.002	0.124	0.095	0.088	1.409	0.147
ST		0.410	0.279	0.121	3.388	0.005	0.197	0.134	0.066	2.985	0.002	0.607	0.413	0.117	5.188	0.002
HA		0.685	0.500	0.142	4.824	0.002						0.685	0.500	0.142	4.824	0.002
SS	SIT	0.270	0.163	0.150	1.800	0.062	0.301	0.181	0.098	3.071	0.002	0.571	0.344	0.166	3.440	0.002
SC		0.087	0.057	0.100	0.870	0.386	0.200	0.130	0.062	3.226	0.003	0.287	0.187	0.105	2.733	0.009
ST		0.286	0.163	0.129	2.217	0.028	0.340	0.194	0.085	4.000	0.002	0.626	0.357	0.148	4.230	0.002
HA		0.640	0.391	0.193	3.316	0.002	0.177	0.108	0.067	2.642	0.011	0.816	0.499	0.183	4.459	0.002
KA		0.258	0.216	0.092	2.804	0.011						0.258	0.216	0.092	2.804	0.011

① Cheung, Lau. Testing Mediation and Suppression Effects of Latent Variables: Bootstrapping with Structural Equation Models [J]. Organizational Research Methods, 2008 (11): 296 - 325.

续表

路径		直接效应					间接效应					总效应				
从	至	非标	标准	标准误	T值	显著性	非标	标准	标准误	T值	显著性	非标	标准	标准误	T值	显著性
SS	SIR	0.280	0.189	0.132	2.121	0.036	0.177	0.120	0.073	2.425	0.002	0.457	0.309	0.135	3.385	0.004
SC		0.067	0.049	0.093	0.720	0.475	0.129	0.094	0.045	2.867	0.003	0.196	0.143	0.091	2.154	0.022
ST		0.603	0.385	0.122	4.943	0.002	0.145	0.092	0.063	2.302	0.019	0.748	0.477	0.120	6.233	0.002
HA		0.489	0.335	0.174	2.810	0.003	0.005	0.003	0.058	0.086	0.941	0.493	0.338	0.159	3.101	0.002
KA		0.007	0.006	0.081	0.086	0.941						0.007	0.006	0.081	0.086	0.941

注：表中的标准误和T值为Bootstrap算法得到，Bootstrap样本量N=1000。

5.4.4.1 子公司资源获取机制的多重中介效应检验

在表5.35中，以母公司信任（ST）与子公司内部创业行为（SIR）为例。参照标准化后的指标，两者的直接效应为0.385，在0.01水平上显著；两者的间接效应值为0.092，在0.05水平上显著；总效应值为直接效应与间接效应之和，为0.477，在0.01水平上显著。母公司信任与子公司内部创业行为之间的间接效应是母公司注意力资源获取与子公司常规资源获取的多重中介作用的体现，由此判断子公司资源获取机制在母公司信任与子公司内部创业行为之间起到部分中介作用，假设H6a成立。

类似地，母公司信任（ST）与子公司外部创业行为（SIT）间的直接效应值为0.163，在0.05水平上显著；两者的间接效应值为0.194，在0.01水平上显著；总效应值为0.357，在0.01水平上显著。因此子公司资源获取机制在母公司信任与子公司外部创业行为之间起到部分中介作用，假设H6b成立。

关系紧密性（SC）与子公司内部创业行为（SIR）间的直接效应值为0.049，未达到显著性水平；两者的间接效应值为0.094，在0.01水平上显著；总效应值为0.143，在0.05水平上显著。因此子公司资源获取机制在关系紧密性与子公司内部创业行为之间起到完全中介作用，假设H6c成立。

关系紧密性（SC）与子公司外部创业行为（SIT）间的直接效应值为0.057，未达到显著性水平；两者的间接效应值为0.130，在0.01水平上显著；总效应值为0.187，在0.01水平上显著。因此子公司资源获取机制在关系紧密性与子公司外部创业行为之间起到完全中介作用，假设H6d成立。

共享机制（SS）与子公司内部创业行为（SIR）两者的直接效应为0.189，在0.05水平上显著；两者的间接效应值为0.120，在0.01水平上显著；总效应值为0.309，在0.01水平上显著。由此判断子公司资源获取机制在共享机制与子公司内部创业行为之间起到部分中介作用，假设H6e成立。

共享机制（SS）与子公司外部创业行为（SIT）两者的直接效应为0.163，未达到显著水平；两者的间接效应值为0.181，在0.01水平上显著；总效应值为0.344，在0.01水平上显著。由此判断子公司资源获取机制在共享机制与子公司外部创业行为之间起到完全中介作用，假设H6f成立。

5.4.4.2 母公司注意力资源获取在母子公司关系嵌入性与常规资源获取间的中介作用

母公司信任（ST）与常规资源获取（KA）两者的直接效应为0.279，在0.01水平上显著；两者的间接效应值为0.134，在0.01水平上显著；总效应值为0.413，在0.01水平上显著。由此判断母公司注意力资源获取在母公司信任与常规资源获取间起到部分中介作用，假设H7a成立。

关系紧密性（SC）与常规资源获取（KA）两者的直接效应为-0.044，未达到显著性水平；两者的间接效应值为0.139，在0.01水平上显著；总效应值为0.095，未达到显著性水平。由此判断母公司注意力资源获取在关系紧密性与常规资源获取间的中介作用不显著，假设H7b不成立。

共享机制（SS）与常规资源获取（KA）两者的直接效应为0.022，未达到显著性水平；两者的间接效应值为0.177，在0.01水平上显著；总效应值为0.199，在0.05水平上显著。由此判断母公司注意力资源获取在共享机制与常规资源获取间起到完全中介作用，假设H7c成立。

5.4.4.3 常规资源获取在母公司注意力资源获取与子公司创业间的中介作用

母公司注意力资源获取（HA）与子公司内部创业行为（SIR）两者的直接效应为0.335，在0.01水平上显著；两者的间接效应值为0.003，未达到显著水平；总效应值为0.338，在0.01水平上显著，由此判断常规资源获取在母公司注意力资源获取与子公司内部创业行为之间中介效应不显著，假设H8a不成立。

母公司注意力资源获取（HA）与子公司外部创业行为（SIT）两者的直接效应为0.391，在0.01水平上显著；两者的间接效应值为0.108，在0.05水平上显著；总效应值为0.499，在0.01水平上显著，由此判断常规资源获取在母公司注意力资源获取与子公司外部创业行为之间存在部分中介效应，假设 H8b 成立。图 5.8 反映的是由 SEM 与 Bootstrap 法共同计算的多重中介模型中的各变量间的路径系数及其显著性。

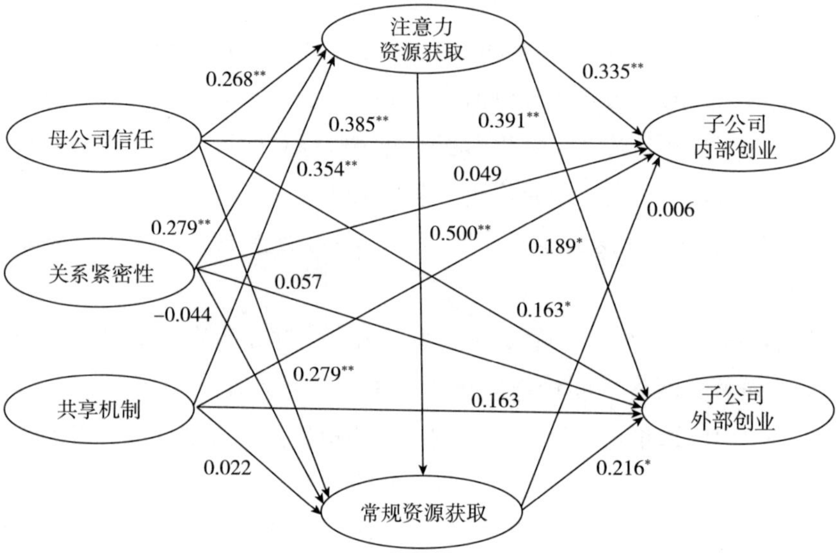

图 5.8　多重中介模型中的路径系数

注：＊＊＊表示 p≤0.001，＊＊表示 p≤0.01，＊表示 p≤0.05。

5.5　假设检验结果汇总

本章主要采用构建结构方程模型的方法对研究假设进行了检验，结果如表 5.36 所示。

表 5.36　假设检验结果汇总

假设编号	假设内容	检验结果
H1	母子公司关系嵌入性对注意力资源获取有正向影响	接受
H1a	母公司的信任对注意力资源获取有正向影响	接受

续表

假设编号	假设内容	检验结果
H1b	母子公司关系的紧密性对注意力资源获取有正向影响	接受
H1c	母子公司间的共享机制对注意力资源获取有正向影响	接受
H2	母子公司关系嵌入性对子公司常规资源获取有正向影响	
H2a	母公司的信任对子公司常规资源获取有正向影响	接受
H2b	母子公司关系的紧密性对子公司常规资源获取有正向影响	拒绝
H2c	母子公司间的共享机制对子公司常规资源获取有正向影响	拒绝
H3	注意力资源获取对子公司创业行为有正向影响	接受
H3a	注意力资源获取对子公司内部创业行为有正向影响	接受
H3b	注意力资源获取对子公司外部创业行为有正向影响	接受
H4	常规资源获取对子公司创业行为有正向影响	
H4a	常规资源获取对子公司内部创业行为有正向影响	拒绝
H4b	常规资源获取对子公司外部创业行为有正向影响	接受
H5	母公司注意力资源获取对常规资源获取有正向影响	接受
H6	资源获取机制在母子公司关系嵌入性与子公司创业间有中介作用	
H6a	资源获取机制在母公司信任与子公司内部创业间有中介作用	接受
H6b	资源获取机制在母公司信任与子公司外部创业间有中介作用	接受
H6c	资源获取机制在关系紧密性与子公司内部创业间有中介作用	接受
H6d	资源获取机制在关系紧密性与子公司外部创业间有中介作用	接受
H6e	资源获取机制在共享机制与子公司内部创业间有中介作用	接受
H6f	资源获取机制在共享机制与子公司外部创业间有中介作用	接受
H7	注意力资源获取在母子公司关系嵌入性与常规资源获取间有中介作用	
H7a	注意力资源获取在母公司信任与常规资源获取间有中介作用	接受
H7b	注意力资源获取在关系紧密性与常规资源获取间有中介作用	拒绝
H7c	注意力资源获取在共享机制与常规资源获取间有中介作用	接受
H8	常规资源获取在注意力资源获取与子公司创业间有中介作用	
H8a	常规资源获取在注意力资源获取与子公司内部创业间有中介作用	拒绝
H8b	常规资源获取在注意力资源获取与子公司外部创业间有中介作用	接受

5.6 本章小结

本章主要介绍了大样本数据获得的过程，并对数据质量进行了分析，在保证调查的有效性与可靠性的基础上，主要采用结构方程模型对研究假设进行了检验。首先，介绍了研究数据收集的过程，并对样本数据与测量条款的评价值进行了描述性统计；其次测量了各潜在变量的信度与效度，在此基础上对第 4 章提出的研究假设进行检验，并采用单因素方差分析检验了控制变量的影响。由于结构方程模型无法直接给出中介效应的显著性水平，在结构方程模型分析的基础上，引入 Bootstrap 方法探讨了本书涉及的多重中介效应。

第6章　结论与展望

本章主要对前文的研究结论进行进一步总结、分析，提炼出本书对于相关领域理论研究的贡献以及对母子公司管理实践的启示，最后指出本书研究存在的局限与不足，并对后续研究提出了几点建议。

6.1　研究结论

“母子公司关系嵌入—子公司资源获取—子公司创业”是本书的基本逻辑。在文献研究的基础上，把母子公司关系嵌入划分为母公司的信任、关系的紧密性与共享机制三个维度；子公司创业则分为以渐进的、温和的改造与升级为特点的内部创业和以激进的、剧烈的开拓与突破为特点的外部创业两个维度。受注意力基础观的启发，把资源分为常规资源与注意力资源。常规资源包括人力、财物、技术、知识、市场等客观资源；注意力资源则是指母公司对子公司的积极性关注，是母公司独有的稀缺主观资源。相应地，子公司资源获取这一变量的两个维度为：注意力资源获取与常规资源获取。在综合国内外大量研究成果的基础上，得到了母子公司关系嵌入对子公司创业影响机制的理论模型，即母子公司关系嵌入通过子公司资源获取机制影响子公司创业行为。随后采用大样本问卷调查的方法对该模型进行了验证。全书的研究结论可归纳为以下四个方面。

6.1.1 母子公司关系嵌入性对子公司资源获取的影响

6.1.1.1 母子公司关系嵌入性对子公司获取母公司注意力资源有显著正向影响

母子公司关系嵌入性包括三个维度：母公司的信任、关系的紧密性与共享机制。采用结构方程模型对本书的理论模型进行验证，母公司的信任与母公司注意力资源获取间的路径系数为0.321，母子公司关系的紧密性与母公司注意力资源获取间的路径系数为0.269，共享机制与母公司注意力资源获取间的路径系数为0.383，上述系数均在0.001水平上显著，假设H1a、H1b与H1c均获得支持，说明母子公司关系嵌入性对子公司获取母公司注意力资源有显著正向影响。母公司的信任是母公司对子公司的正面期望，认为子公司的行为不会损害自己的利益甚至有利于自己的利益（Uzzi，1997），更不会利用自己的弱点，因而母公司更愿意分配资源给子公司。关系的紧密性常常表现为双方频繁的接触、多阶纽带和亲密的私人关系（Chang，2002）。共享机制表现为母子公司制度或管理系统的共享，深层次地反映出双方一致的愿景与目标。[①] 当双方有一致的认识时，就会减少沟通过程中的误会并提高双方资源交换的可能性（Tsai & Ghoshal，1998），还有利于母子公司在价值观念上进行交流与理解[②]，增强信任与关系的紧密性，有利于母公司注意力资源的获取。

6.1.1.2 母子公司关系嵌入性对子公司获取常规资源有一定影响

实证分析结果表明，母公司的信任与常规资源获取间的路径系数为0.253，在0.01水平上显著，假设H2a获得支持。但母子公司关系的紧密性与常规资源获取间的路径系数为-0.039，未达到显著性水平，假设H2b不成立。共享机制与常规资源获取间的路径系数为0.008，未达到显著性水平，假设H2c不成立。由此可见，在母子公司关系嵌入性的三个维度当中，母公司信任对子公司获取常规资源有显著的正向影响，共享机制的影响虽然也是积极的，却并不显著，这与Tsai和Ghoshal（1998）的研究结论类似，他们认为共享机制对组织间的资源交换与整合没有显著的直接影响，却没有解释清楚原因。从实地调研中我们了解

---

① Tsai, W., Ghoshal, S.. Social Capital and Value Creation: The Role of Intrafirm Networks [J]. Academy of Management Journal, 1998, 41 (4): 464-476.

② Kale, P., Dyer, J. H., Singh, H.. Alliance Capability, Stock Market Response, and Long-term Alliance Success: The Role of the Alliance Function [J]. Strategic Management Journal, 2002 (23): 747-767.

到，母公司通常要求子公司在企业文化方面与母公司保持一致，特别是价值观文化，即母公司对子公司实施文化控制。共享机制可以看作母公司实施文化控制的一种方式，基于这样的角度来看，共享机制就不再是子公司主动改善母子公司关系的手段了。而且通过样本的描述性统计发现，本次调查的子公司主要是全资子公司和绝对控股型子公司，母公司对子公司的控制程度可能都比较高，共享机制被当作控制手段来使用的比例也比较高，降低了样本区分度，影响了结果的显著性。

而母子公司关系嵌入性的另一个维度“关系紧密性”对子公司获取常规资源的影响系数为负，虽然并不显著，但却值得深思。路径系数为负，说明关系紧密性不但不能帮助子公司获取资源，甚至可能产生阻碍作用。联系公司治理研究中的“隧道行为”，有助于我们理解这个现象。“隧道行为”指的是控股股东掠夺上市公司资源以增加自身财富或为自己控制的其他子公司带来利益的行为。在持股比例较高的情况下，母子公司关系的紧密性不但可能不会有助于子公司获取资源，甚至可能会造成子公司资源的流失。从社会网络理论的视角来看，Granovetter（1974）提出了社会关系中的强连接与弱连接的概念，并指出弱连接更有利于人们获取资源，而强连接则因为人们的高度互动形成了一个资源共享又封闭的系统，无法从中获得额外的资源。母子公司的关系紧密性越高，形成了母子公司间的“强连接”，不利于资源获取。

6.1.2 子公司资源获取对子公司创业行为的影响

6.1.2.1 母公司注意力资源获取对子公司创业行为的影响

根据涉及的市场范围不同，子公司创业行为分为内部创业行为与外部创业行为。实证结果表明，母公司注意力资源获取与子公司内部创业行为间的路径系数为0.660，与子公司外部创业行为间的路径系数为0.601，均在0.001水平上显著，假设H3a、H3b均获支持。母公司注意力资源是母公司对子公司积极的、支持性的关注，代表着母公司的政策指向与战略态度。因此，获得母公司注意力资源的子公司说明其战略行为或战略规划符合母公司意图，其创业行为更容易被母公司认可和批准。

6.1.2.2 常规资源获取对子公司创业行为的影响

实证研究表明，子公司常规资源获取与子公司内部创业行为间的路径系数为

0.119，未达到显著性水平，假设 H4a 未获支持。子公司常规资源获取与子公司外部创业行为间的路径系数为 0.263，在 0.001 水平上显著，假设 H4b 获得支持。上述结论说明子公司常规资源获取对外部创业行为的支持作用比对内部创业行为的支持作用更突出。在外部创业行为中，子公司维护企业整体利益的动机表现得更为突出，因为子公司的外部创业被认为是跨国公司（集团）应对竞争、相应市场的表现①，因而更容易获得母公司的支持。子公司内部创业行为多数为改进性创新，是渐进性的温和的创新，对资源获取的需求相对小一些，更容易实践。但若是母公司给予关注，也是如虎添翼的事情。

6.1.3 母公司注意力资源获取对常规资源获取的影响

结构方程模型检验表明，母公司注意力资源获取与常规资源获取间的路径系数为 0.505，在 0.001 水平上显著，假设 H5 获得验证，即母公司注意力资源获取会对子公司获取常规资源产生显著正向影响。子公司努力获取母公司关注的目的之一就是为了获取资源（Bouquet & Birkinshaw，2008），本书的结论印证了此观点。母公司注意力是一种支持性资源，可以理解为母公司对子公司的好感或鼓励。得到母公司关注的子公司向母公司申请资源支持时，获得帮助的可能性更大。另外，母公司注意力资源具有相对性与可见性的特点。得到母公司更多关注的子公司在与其他子公司的资源竞争中，有一定的地位优势，也容易在资源竞争中获胜。

6.1.4 子公司资源获取机制的多重中介作用

6.1.4.1 子公司资源获取机制在母子公司关系嵌入与子公司创业行为间的中介作用

根据第 6 章的实证检验可知，子公司资源获取机制在母公司信任与子公司创业行为间有部分中介作用，在共享机制与子公司创业行为间也有部分中介作用，在关系紧密性与子公司创业行为间发挥完全中介作用，对应的假设 H6a 至 H6f 均获得支持。较早关注子公司主导创业行为的学者 Birkinshaw（1998）即指出母子

① Birkinshaw, J., Hood, N., Young, S.. Subsidiary Entrepeneurship, Internal and External Competitive Forces, and Subsidiary Performance [J]. International Business Review, 2005 (14): 227-248.

公司关系会有助于子公司主导创业行为的开展，并增强子公司角色的贡献性。后来有许多学者试图揭示母子公司关系影响子公司创业的机理，Zahra 等（2000）的观点是公司创业行为经常因为资源匮乏而绝非其他原因被迫中止。围绕资源获取在子公司创业行为中的中介效应研究也为数不少，并成为一个持续的研究热点。本书关注的母子公司关系嵌入性，是子公司独特的网络资源，也是子公司创业过程中不能忽视的干预者或影响者。为了强调母公司对子公司的影响力，书中引入了母公司注意力资源的相关理论观点，并证实了母公司注意力资源获取能够显著促进子公司常规资源的获取，这一结论赋予了子公司资源获取更丰富的内涵，也构成了略微复杂的多重中介模型。母子公司关系嵌入性对子公司创业行为的间接影响是通过母公司注意力资源获取与常规资源获取的多重多步中介效应实现的，并衍生出了下面两组变量间的关系。

6.1.4.2 母公司注意力资源获取在母子公司关系嵌入性与常规资源获取间的中介作用

实证检验表明，母公司注意力资源获取在母公司信任与常规资源获取间有部分中介作用，假设 H7a 获得支持。母公司注意力资源获取在母子公司共享机制与常规资源获取间有完全中介作用，假设 H7c 获得支持。关系紧密性与常规资源获取两者的直接效应为 -0.044，未达到显著性水平；两者的间接效应值为 0.139，在 0.05 水平上显著；总效应值为 0.095，未达到显著性水平，假设 H7b 未获支持。前文曾指出共享机制对常规资源获取的直接作用并不显著（假设 H2c），但是通过母公司注意力资源获取这一中介变量，共享机制能够对常规资源获取产生影响。

当母公司在企业内部采用较为广泛的文化控制手段时，共享机制就沦为了母公司主导的文化控制工具，无法体现母子公司关系的质量，自然也无法影响子公司获取常规资源。当子公司获取母公司注意力资源时，说明子公司在某种程度上得到了母公司的支持，共享机制也因此由控制手段转变成沟通与分享系统，有利于实现资源的转移与整合。但是，引人注意的是，虽然关系紧密性对常规资源获取的直接作用仍然为负向不显著，但在母公司注意力资源的中介下，两者的间接效应表现为正向显著，尽管总效应未达到显著性水平，母公司注意力资源在其中的正向影响依然可见一斑。

6.1.4.3 常规资源获取在母公司注意力资源获取与子公司创业行为间的中介作用

实证检验表明，母公司注意力资源获取与子公司内部创业行为间的直接效应为0.335，在0.05水平上显著；两者的间接效应值为0.003，未达到显著水平；尽管总效应值为0.338，在0.05水平上显著，但假设H8a仍未获支持。母公司注意力资源获取与子公司外部创业行为间的直接效应为0.391，在0.05水平上显著；两者的间接效应值为0.108，在0.05水平上显著；总效应值为0.499，在0.05水平上显著，由此判断常规资源获取在母公司注意力资源获取与子公司外部创业行为之间存在部分中介效应，假设H8b获得支持。可见，母公司注意力资源获取对子公司创业行为的直接作用远远高于常规资源获取在其中的间接中介作用。

母公司注意力资源获取的影响力高于常规资源获取，可以从资源获取的渠道来源理解。常规资源的获取方式有两种，分别为外部获得资源和内部积累资源，其中外部获得资源又包括购买资源和吸引资源两种形式。而母公司注意力资源的获取渠道是唯一的，只有母公司能够提供。渠道的唯一性强化了注意力资源的有限性与稀缺性；相反地，常规资源获取渠道的多样化则弱化了常规资源的有限性，使之看上去更丰富。简单来说，由于子公司有从其他渠道获取常规资源的可能性，则降低了子公司对母公司的资源依赖性，因而就削弱了常规资源获取对子公司创业行为的影响。而母公司注意力资源的重要性还体现在母公司注意力具有支持性的特点，是母公司对子公司的积极性关注，意味着母公司的信任与鼓励，已有研究证明获取母公司注意力不仅有利于子公司获取常规资源，还有助于子公司的行为、理念等受到母公司重视或认可，推动子公司的创业行动顺利开展（Bouquet & Birkinshaw，2008）。除此之外，获取母公司注意力的子公司还可能赢得更高的自主权（Ambos et al.，2010），子公司的经理人有更大空间能够自主决策一些创新行动（Zahra，2000），这些经理人也因为感觉被信任而愿意承担一定风险进行创新创业实践（Ghoshal，1986；Birkinshaw，1999）。而在较低的自主权情况下，子公司的运营受母公司监控的程度较高，限制了子公司可能的策略选择与营运弹性，不利于子公司创业。

6.2 研究的理论进展与实践启示

6.2.1 研究的理论进展

本书主要基于网络嵌入理论、公司创业理论、资源相关理论及注意力基础理论等方面的既有成果展开，在获得实证研究结论的同时，也对这些理论有些许补充或拓展。

6.2.1.1 以本土子公司为对象为子公司创业研究提供了新情境

子公司创业行为较早的定义中将研究对象设定为“海外子公司”，具有一定的历史性。Birkinshaw（1997）曾解释了为什么选择海外子公司作为子公司主导创业行为的研究对象，因为海外子公司一般都比国内子公司拥有更丰富的外部联系，有利于研究不同层次、不同性质的“关系”对创业行为的影响。从这段话中也能够判断，选择海外子公司为研究对象，不是因为其身处“海外”而是因为其“关系丰富”。这种设置对于子公司外部嵌入性的研究相对来说更有意义，对于子公司内部嵌入性的研究则可能成为一种牵绊。以我国现有研究为例，很多学者在研究子公司创业、子公司的网络嵌入性问题时，以海外企业在我国设置的子公司为研究对象（李京勋等，2012；刘晓娜，2010；张慧，2007；蒲明、毕克新，2013），而以我国本土企业子公司为对象的研究成果却凤毛麟角，大样本实证研究更少之又少。这与当前我国本土子公司蓬勃发展的现状极不相符。无论是从数量还是从对国民经济的贡献来看，本土子公司都比外资或合资子公司更有研究价值。特别是随着我国人口红利消失，市场经济日益规范，有的外资（合资）子公司开始从我国向越南、老挝等更为落后的经济区域转移，这为本土子公司提供了有利的创业机会，加上大企业转型发展的历史机遇，必将催生大量的子公司开展自主创业活动。对本土子公司创业行为的研究既有必要，又十分重要，既存在理论空间，又有现实指导意义。

因此，子公司创业行为研究对象的选择，不应局限于海外子公司，应依据子公司是否在组织内外拥有丰富的、有影响力的联系来作为选择研究对象的标准。

随着企业规模的扩大，子公司可能与母公司地理距离遥远、可能与母公司经营范围差异明显，也可能扮演着市场开发者的角色，这些“半自治组织”（Birkinshaw，1997）都有可能成为主导创业行为的发起者。再宽泛一些，一些拥有较大自主权的分支机构（可能是分公司、办事处等非子公司机构），也可以纳入子公司创业行为的研究当中。依据此标准，本书从我国本土母子公司制企业中获得了270个子公司有效样本，并据此展开实证分析。

6.2.1.2　母公司注意力资源的概念是对传统战略管理思维的新启示

近年来，母子公司关系研究、公司创业研究等领域逐渐将理论基础从传统的战略管理、组织管理与经济学视角拓展到社会学、心理学、行为学与认知科学等领域，从单一学科向交叉学科过渡。研究内容也逐渐从相对宏观的战略、结构问题过渡延伸到比较微观的组织行为或社会关系。2011年，Powell等学者在《战略管理学报》（*Strategic Management Journal*）发表了题为《行为战略》（*Behavioral Strategy*）的主题论文①，提出了行为战略理论观点。行为战略是认知和社会心理学与战略管理理论的结合，其目标是在传统战略管理中引入人类认知、情感和社会行为的真实假设，从而丰富并拓展战略管理相关研究。② 注意力理论就是行为战略理论当中备受关注的内容。

Haas和Hansen（2001）最先把“母公司注意力资源”这一概念引入跨国公司研究中，认为其是母公司资源配置战略背后的关键性因素。后来的Bouquet和Birkinshaw等学者则从子公司的角度来思考如何获取母公司注意力资源，并在2005~2010年的系列文章中对子公司需要关注的原因、吸引关注的手段及赢得关注后的利益等问题进行了研究，这些成果也成为本书重要的参考资料。根据笔者对国内外文献的收集情况，现有大多数关于组织注意力的研究讨论的是注意力的拥有者对注意力的配置问题。而对于注意力的接收对象如何赢得关注的过程研究还很不足。在我国，鲜有的几篇基于注意力基础观的研究文献，均是研究了企业高管团队或CEO如何配置注意力的问题，还未有从子公司角度探究如何获取母公司注意力的成果。本书在揭示子公司的资源获取机制时，引入了“母公司注

---

① Powell, T. C., Lovallo, D., Fox, C. R. Behavioral Strategy [J]. Strategic Management Journal, 2011, 32 (13): 1369-1386.

② 吴建祖，曾宪聚．行为战略：认知和社会心理学与战略管理的结合［J］．管理学家（学术版），2012 (3): 72-79.

意力资源”这一概念，并验证母公司注意力资源获取对子公司常规资源获取的促进作用，同时母公司注意力作为一种独特资源，本身就会对子公司创业行为产生激励。另外，目前我国针对母子公司管理的研究主要集中在集团知识管理与创新、母子公司管控与协同、集团内部资本市场和集团公司治理机制①，依赖于传统的经济学与管理学理论，注意力基础观则为母子公司研究带来了新的视角，产生了新的启示。

6.2.1.3 对资源与资源获取机制的新认识

生产力的发展及生产关系的不断进步，使资源的范畴整合传统实效资源的能力不断扩大，从最基本的人、财、物等有形资源，到信息、技术、品牌、声誉等无形资源，人们对资源的认识也不断深刻。社会网络理论的出现，启发人们认识到资源不仅包括企业拥有的或者控制的，还应该包括企业能够对之施加影响的外部资源或社会资源。②“母公司注意力资源”就是源自子公司外部母公司的、子公司可以施加影响的一种社会性资源，同时还有整合传统实效资源的能力（宝贡敏，2001）。因此，在本书中我们把母公司注意力资源看作提升子公司常规资源获取的能力与路径，合理地解释了子公司资源获取的过程。现有研究对“母子公司关系嵌入性影响资源获取”的问题通常设计的理论路径都是直接作用关系，而本书则利用母公司注意力资源获取在两者搭建了一座桥梁，并通过实证研究检验了母公司注意力资源获取在上述两者的中介效应，研究结论还表明母公司注意力资源获取对子公司创业行为的影响力也要高于常规资源获取的影响力。

与现有文献对于常规资源获取作用的描述相比，本书的研究结论还是有令人深思的地方。通常认为子公司从母公司处获取常规资源是对子公司创业行动有所帮助的，但是本书却认为非常规的注意力资源更有价值。从资源依赖理论的角度来看，子公司可以从母公司以外的其他渠道通过购买、兼并、合作等多种方式获得常规资源，但是却无法从母公司以外的其他渠道获取母公司的注意力资源。基于获取路径的单一性，子公司对母公司注意力资源的依赖程度就可能高于对母公司常规资源的依赖程度，因此在子公司创业过程中，母公司注意力资源获取的影响力高于常规资源获取，并且获得母公司关注的子公司更可能从母公司获取其他

① 徐鹏，陈欣，白贵玉．中国企业集团管理研究现状之评价［J］．科技管理研究，2014（16）：233－237.

② 罗辉道，项保华．资源概念与分类研究［J］．科研管理，2005，26（4）：99－104.

资源。

总之，本书拓宽了人们对资源的认识范畴，解析了子公司资源获取的过程，并证明在子公司创业过程中母公司注意力资源对子公司的意义比常规资源获取更重要，因为母公司注意力资源是母公司带有积极感情色彩的主动性关注，比常规资源获取更能反映母公司的战略意图和政策指向。基于注意力基础观对资源与资源获取过程的深刻认识，可能对后续研究产生借鉴意义。

6.2.1.4 构建并验证了母子公司关系嵌入性、子公司资源获取与子公司创业行为的关系模型

本书在文献研究的基础上，结合实地调查构建了母子公司关系嵌入性、子公司资源获取与子公司创业行为的关系模型，并检验了母子公司关系嵌入性对子公司资源获取的影响、子公司资源获取对子公司创业行为的影响、在子公司资源获取机制中母公司注意力资源获取对常规资源获取的影响，在此基础上对子公司资源获取机制在母子公司关系嵌入性与子公司创业行为间的多重中介效应进行了验证。其中母子公司关系嵌入性、子公司资源获取与子公司创业行为均为多维潜在变量，因此选择了结构方程模型法对理论模型进行检验。实证研究基本支持了本书的研究假设。母子公司关系嵌入性对子公司资源获取有促进作用，特别是对子公司获取母公司注意力资源的帮助更显著。子公司从母公司处获取资源对子公司创业行为有积极影响，母公司注意力资源对子公司创业行为的促进作用更突出。子公司资源获取机制在母子公司关系嵌入性与子公司创业行为间存在中介效应，该中介效应是包含双中介变量（母公司注意力资源获取与常规资源获取）及其相互作用的复杂的多重中介效应。

总体上，本书的研究结论与现有研究基本一致，但是在研究视角、理论基础及结论的某些方面有自己的特点。第一，引入并证实了母公司注意力资源获取的作用，一定程度上会削弱学者们对常规资源获取的宠爱，有一定的创新性。第二，对母子公司关系嵌入性的解析是对子公司网络嵌入性研究的补充。因为现有研究对子公司外部嵌入性的关注程度要远远高于对子公司内部嵌入性的关注（Birkinshaw et al.，2005）。第三，对子公司内部创业与外部创业行为分别进行讨论，并发现两者对资源获取的依赖性有区别，表现为外部创业行为对常规资源获取的需求更明显，而内部创业行为对常规资源获取的需求不显著，是对子公司创业研究的拓展，因为目前的研究疏于对内部创业行为的关注。第四，对多重中介

效应的检验是本书的研究难点，也是本书的特色之一。在结构方程模型分析中加入 Bootstrap 方法以检验中介效应的显著性是验证多重中介效应的有效办法。①

6.2.2 研究的实践启示

6.2.2.1 子公司科学管理母子公司关系嵌入性水平

本书立足于子公司视角，构建了母子公司关系嵌入性影响子公司创业行为的分析框架，并证明了母子公司关系嵌入性对子公司资源获取及子公司创业行为的积极影响。考虑到母子公司关系的互动性与可塑性特点，子公司可主动对母子公司关系进行经营与管理。根据本书的研究，母公司信任是母子公司关系嵌入性当中最有说服力的因素，也是对资源获取及公司创业最有利的母子公司关系要素。因此，子公司要努力争取母公司的信任，这是维护母子公司关系的根本。子公司要主动与母公司建立共享机制，与母公司保持一致的价值观念，自觉维护母公司利益，并积极与母公司分享知识或经验。一旦共享机制由母公司构建，作为母公司实施文化控制的工具，则无法发挥其对资源获取的积极作用。子公司需要与母公司保持适当的联系，因为沟通是增进了解、促进分享、加强信任的必要手段。但是本书的研究结论表明关系的紧密性不但不会帮助子公司从母公司处获得资源甚至可能适得其反。当母子公司关系因为控制权或正式沟通频繁而变得异常紧密时，过于紧密的联系会成为母公司监控子公司的手段，损失子公司的自主性，阻碍了子公司与外部环境的联系，减少了子公司发掘创业机会的可能性，束缚了子公司创业的手脚，也打击了子公司高管的创业积极性，不利于子公司的创业行为。同时，过于紧密的关系增强了母公司在子公司的话语权，可能会为母公司提供从子公司身上攫取价值的机会。已有研究指出子公司的“过渡嵌入”会增加子公司的网络维护成本（Andersson & Forsgrent，1996；武立东、黄海昕，2010），当这一成本高于子公司能够从网络中获得的收益时，网络嵌入性就成了子公司的负担。② 因此，在母子公司关系嵌入过程中发挥能动性，争取主动权，有计划地把网络嵌入作为子公司的重要成长战略。

---

① 方杰，温忠麟，张敏强，孙配贞．基于结构方程模型的多重中介效应分析［J］．心理科学，2014，37（3）：735－741.

② Gulati R.，Nohria N.，Zaheer A.. Strategic Networks［J］. Strategic Management Journal，2000（21）：203－215.

6.2.2.2　子公司采取基于注意力获取的资源获取策略

本书证明母公司注意力资源获取比常规资源获取对子公司创业更为有利，因此子公司要采取积极的注意力资源获取策略以赢得母公司的支持和帮助。获得母公司关注不仅有助于子公司从母公司处获取资源，对子公司提高网络地位也十分有益。在子公司之间的交往中，获得母公司关注的子公司也可能使兄弟单位对其刮目相看，既有助于子公司在资源竞争中脱颖而出，也会有助于子公司从其他子公司获取资源。此外，获得母公司关注的子公司，说明其行为、制度或目标等方面得到了母公司的认可，这种认可成了子公司倚仗的“尚方宝剑”，使子公司在内部容易得到其他兄弟单位的支持，在外部更容易得到合作伙伴的信任，有利于子公司获得创业资源。尽管子公司的一些先天条件，如子公司的规模、年限、当地市场的重要程度、子公司角色等都会制约子公司获得母公司注意力资源的能力，但是本书的结论告诉我们，子公司的后天努力也非常重要。Bouquet 和 Birkinshaw（2008）指出子公司的“形象建设”（Profile Building）会帮助子公司获得母公司的关注。形象建设是子公司通过改善与内部网络间的关系（特别是母子公司关系）提高自身形象与声誉进而赢得母公司关注的一项持久性、系统性工程。[①] 保持良好的业绩、共享母公司的战略目标以及紧密沟通等措施会提升子公司的形象，使母公司对子公司持续保持好感，进而赢得关注。

6.2.2.3　母公司通过注意力配置战略诱发子公司创业行为

母公司的注意力指的是母公司对子公司行为的积极的、支持性的关注，受资源与能力所限，母公司的注意力必然成为子公司争相获得的稀缺资源。[②] 依据资源依赖理论，母公司作为注意力资源的拥有者与分配者就拥有了制约子公司的能力，母公司可以通过对注意力的分配实现对子公司的控制。管理者认知理论指出，基于注意力的选择性特征，管理者可以通过主动的选择性注意表达企业的战略方向。通常情况下，母公司可以借助企业的战略表述、公共演说与会议、公开报告甚至企业形象识别系统（Bouquet & Birkinshaw，2009）表达自己关注的焦点，子公司亦可从中领会母公司的意图，对自己的目标或行动做出及时的调整。

---

① Bouquet, C., Brkinshaw, J.. Managing Power in the Multinational Corporation: How Low - power Actors Gain Influence [J]. Journal of Management, 2008, 34 (3): 477 - 508.

② Ambos, C., Birkinshaw, J.. Headquarters' Attention and Its Effect on Subsidiary Performance [J]. Management International Review, 2010 (50): 449 - 469.

但是，母公司也要努力规避“选择性注意”的陷阱，防止私人情感、既往经验等原因过多影响注意力的分配，应着眼于集团未来发展的大局，对有发展潜力的子公司给予适当关注。

现有研究已证实CEO或高层管理团队若把更多的注意力投入特定企业议题或项目，该议题或项目将获得更多的关注和支持，从而取得更好的效果（陈守明、唐滨琪，2012；Tashman & Rosenkopf，1996）。据此，母公司可以通过注意力资源的配置引导子公司的创新与创业行为，使其更符合母公司的整体战略目标，未来的子公司创业行为可以考虑由母公司引导。Birkinshaw早在1997年就通过案例访问的方法发现了“全球混合型子公司主导创业行为（Global Hybrid Initiative)”，这种创业形式中的市场机会即是由母公司发现并提供给子公司的。在实践当中，我国海尔集团自上而下推行的以自主经营体为基础的“人单合一”管理模式，也是由集团倡议、下级单位响应的创业行为。母公司还可以从企业制度设计、企业文化建设、组织学习等方面构建集团创业支持系统，引导子公司的创业行为。

6.3 研究局限与后续研究建议

6.3.1 研究局限

本书的研究涉及管理学、行为学与社会学等几大学科的知识和理论，以一个整合的新视角研究子公司创业行为的发生机理。尽管在研究中努力遵循规范的科学研究范式，但受笔者本人时间、精力以及知识结构的限制，本书还是存在一些局限，有待未来探索与改进。

6.3.1.1 样本的局限

本书采用问卷调查法进行实证研究，结果的可靠性与准确性受问卷质量的影响很大。企业层面研究一直存在取样困难的问题，本书也不例外。尽管笔者采用多种渠道发放问卷，但回收的样本数据分析显示，调查对象的地域分布、母公司的持股情况、企业性质等样本特征都较为集中，可能影响调查结果的显著性与普适性。

6.3.1.2　量表的局限

在资料可获得的情况下，本书尽量选用已有的成熟量表对变量进行测量。但是，这些量表主要来自于西方学者对欧美发达国家跨国企业的调查，与本书的研究情境有明显区别。虽然借助于访谈与团队讨论的方法对成熟量表进行了调整与改进，但实际调查过程中也听到了一些对问卷设计的不同建议，在结果分析时也发现了问卷设计的一些不足，有待进一步修改。

6.3.1.3　测量的局限

由于受人力、物力及时间的限制，本书的研究数据采用了某一时间点上的横截面数据。但是母子公司关系嵌入性、子公司资源获取与子公司创业行为等变量间的关系具有一定的时间跨度，短时间内难以显现。因此，采用纵向数据进行追踪研究可能是更准确、更严谨的做法。本书以子公司为研究对象，调查对象主要为子公司的中高层管理者。考虑取样的方便性和调查效率，每个子公司只选取了一位经理人员作为调查对象，这也可能造成由于个人认知差异造成的调查信度下降。

6.3.1.4　研究内容的局限

虽然本书的理论模型构建参考了大量的国内外文献，并在实证研究中证实了其合理性与研究价值。但是，随着研究的不断深入，笔者还是发现了研究内容的一些不足。第一，子公司创业的其他影响因素可能会对本书研究模型产生干扰。第二，无论是母子公司关系嵌入性还是子公司的资源获取都应是母子公司间互动的结果，因此母公司在此过程中如何作用也是令人深思的。这些问题的存在也说明本书选取的研究领域还有很大的发展空间，留待后续研究探索。

6.3.2　后续研究建议

针对本书研究存在的前述不足，未来可从以下方面进行研究的完善与拓展。

6.3.2.1　完善量表，提高施测质量

后续将根据本次调查研究的反馈，对量表进行必要的调整和完善，提高测量工具的可靠性。进一步扩大问卷发放的范围，以检验模型的普适性。或者选取具有代表性的行业，进行针对性调查，形成具有行业特色的研究成果，也是有实践意义的。在调查对象的选择上，可考虑借鉴西方学者的做法，每个子公司选择三位经理人员作为调查对象，并采用三个调查结果的平均值作为子公司的数据使用，增强调查的客观性和数据的严谨性。

6.3.2.2 进行追踪研究

在条件允许的情况下，对调查对象进行追踪研究，更能反映研究变量间的关系。亦可采用案例研究、文本分析、深度访谈等方法，弥补问卷调查法在追踪研究中的缺陷。

6.3.2.3 研究内容的深入与理论模型的拓展

由于子公司同时处在母子公司网络、子公司所处商业网络、子公司自身网络之中，母子公司关系嵌入性、子公司资源获取与子公司创业行为之间的关系模型也会受子公司其他网络特点的干扰，例如子公司的角色、子公司的自主权、子公司高管团队的素质等因素均在既有研究中被验证过。未来的研究若从小处着手，可以在现有模型基础上通过调整中介变量、设置调节变量等方法继续深入。若从研究视角的高度来思考，子公司创业行为归根结底还是母子公司间的权力博弈。Dörrenbächer 和 Geppert 在 2011 年编著的《跨国公司中的政治与权力》中指出对稀缺或重要资源的控制就是一种“权力”①。在子公司创业过程中，母公司会担心子公司借创业之名提高自主权，但又希望子公司创业能为整体企业带来利益；子公司需要母公司提供注意力资源等权力支持，但却担心因为过度嵌入而损失自主权。本书选取子公司为研究视角，探讨了子公司如何获得创业的权力。相应地，从母公司视角研究如何控制与分配权力也会是十分有意义的课题。

---

① Dörrenbächer, C., Geppert, M.. Politics and Power in the Multinational Corporation: The Role of Institutions, Interests and Identities [M]. Cambridge: Cambridge University Press, 2011.

参考文献

[1] Almeida, P., Phene, A.. Subsidiaries and Knowledge Creation: The Influence of the MNC and Host Country on Innovation [J]. Strategic Management Journal, 2004 (9): 847-864.

[2] Aloulou, W., Fayollea, A.. A Conceptual Approach of Entrepreneurial Orientation Within Small Business Context [J]. Journal of Enterprising Culture, 2005, 13 (1): 21-45.

[3] Ambos, T. C., Andersson, U., Birkinshaw, J.. What Are the Consequences of Initiative-taking in Multinational Subsidiaries? [J]. Journal of International Business Studies, 2010 (4): 1099-1118.

[4] Ambos, B., Asakawa, K., Ambos, T. C.. A Dynamic Perspective on Subsidiary Autonomy [J]. Global Strategy Journal, 2011, 1 (3-4): 301-316.

[5] Ambos, B., Mahnke, V.. How do MNC Headquarters Add Value? [J]. Management International Review, 2010, 50 (4): 403-412.

[6] Ambos, C., Birkinshaw, J.. Headquarters' Attention and Its Effect on Subsidiary Performance [J]. Management International Review, 2010 (50): 449-469.

[7] Andersson, U., Forsgren, Holm. The Strategic Impact of External Networks: Subsidiary Performance and Competence Development in the Multinational Corporation [J]. Strategic Management Journal, 2002, 23 (11): 979-996.

[8] Andersson, U., Björkman, I., Forsgren, M.. Managing Subsidiary Knowledge Creation: The Effect of Control Mechanisms on Subsidiary Local Embeddedness [J]. International Business Review, 2005, 14 (6): 521-538.

[9] Andersson, U., Forsgren, M., Holm, U.. Balancing Subsidiary Influence in the Federative MNC: A Business Network View [J]. Journal of International Business Studies, 2007 (38): 802 – 818.

[10] Andersson, U., Forsgren, M.. In Search of Centre of Excellence: Network Embeddedness and Subsidiary Roles in Multinational Corporations [J]. Management International Review, 2000, 40 (4): 329 – 350.

[11] Andersson, U., Forsgren, M.. Subsidiary Embeddedness and Control in the Multinational Corporation [J]. International Business Review, 1996, 5 (5): 487 – 508.

[12] Anne – Wil Harzing. Who's in Charge? An Empirical Study of Executive Staffing Practices in Foreign Subsidiaries [J]. Human Resource Management, 2001 (40): 139 – 158.

[13] Antoncic, B., Hisrich, R. D.. Intrapreneurship: Construct Refinement and Cross – Cultural Validation [J]. Journal of Business Venturing, 2001, 16 (5): 495 – 527.

[14] Antoncic, B., Hisrich, R. D.. Corporate Entrepreneurship Contingencies and Organizational Wealth Creation [J]. Journal of Management Development, 2003 (23): 518 – 550.

[15] Bagozzi, R. P., Yi, Y.. On the Evaluation of Structural Equation Methods [J]. Journal of the Academy of Marketing Scence, 1998 (16): 74 – 94.

[16] Barney, J.. Firm Resources and Sustained Competitive Advantage [J]. Journal of Management, 1991, 17 (1): 99 – 120.

[17] Barney, J.. Strategic Factor Markets: Expectations, Luck, and Business Strategy [J]. Management Science, 1986, 32 (10): 1231 – 1241.

[18] Bartlett, C. A., Ghoshal, S.. Managing Across Borders: The Transnational Solution [M]. Boston: Harvard Business School Press, 1998.

[19] Bentler, P. M., Chou, C. P.. Practical Issues in Structural Modeling [J]. Sociological Methods & Research, 1987, 16 (1): 78 – 117.

[20] Birkinshaw, J.. The Determinants and Consequences of Subsidiary Initiative in Multinational Corporations [J]. Entrepreneurship: Theory & Practice, 1999

(24): 9 -36.

[21] Birkinshaw, J., Bouquet, C., Ambos, T. C.. Managing Executive Attention in the Global Company [J]. Sloan Management Review, 2007 (Summer): 39 - 45.

[22] Birkinshaw, J., Fry, N.. Subsidiary Initiatives to Develop New Markets [J]. Sloan Management Review, 1998 (39): 51 -61.

[23] Birkinshaw, J., Holm, U., Thilenius, P., Arvidsson, N.. Consequences of Perception Gaps in the Headquarters - subsidiary Relationship [J]. International Business Review, 2000 (9): 321 -344.

[24] Birkinshaw, J., Prashantham, S.. Initiative in Multinational Subsidiaries [A] // In Verbeke, A. and Merchant, H. (eds). Handbook of Research on International Strategic International Strategic Management [C]. Cheltenham: Edgar Elgar, 2012: 155 -168.

[25] Birkinshaw, J., Hood, N., Young, S.. Subsidiary Entrepreneurship, Internal and External Competitive Forces, and Subsidiary Performance [J]. International Business Review, 2005 (14): 227 -248.

[26] Birkinshaw, J., Ridderstråle, J.. Fighting the Corporate Immune System: A Process Study of Subsidiary Initiatives in Multinational Corporations [J]. International Business Review, 1999 (8): 149 -180.

[27] Birkinshaw, J.. Corporate Entrepreneurship in Network Organizations: How Subsidiary Initiative Drives Internal Market Efficiency [J]. European Management Journal, 1998 (16): 355 -364.

[28] Birkinshaw, J.. Taking the Initiative [J]. Business Quarterly, 1995, 59 (4): 97 -102.

[29] Birkinshaw, J.. Entrepreneurship in Multinational Corporations: The Characteristics of Subsidiary Initiatives [J]. Strategic Management Journal, 1997 (18): 207 -229.

[30] Birkinshaw, J., Hood, N., Jonsson, S.. Building Firm - specific Advantages in Multinational Corporations: The Role of Subsidiary Initiative [J]. Strategic Management Journal, 1998 (19): 221 -241.

[31] Bouquet, C., Birkinshaw, J.. Managing Power in the Multinational Corporation: How Low Power Actors Gain Influence [J]. Journal of Management, 2008a, 34 (3): 477 - 508.

[32] Bouquet, C., Birkinshaw, J.. The Dynamics of Attention Markets in Multinational Enterprises [J]. Advances in International Management, 2009 (22): 27 - 54.

[33] Bouquet, C., Birkinshaw, J.. How Global Strategies Emerge: An Attention Perspective [J]. Global Strategy Journal, 2011 (1): 243 - 262.

[34] Bouquet, C., Birkinshaw, J.. Weight Versus Voice: How Foreign Subsidiaries Gain Attention from Corporate Headquarters [J]. Academy of Management Journal, 2008b, 51 (3): 577 - 601.

[35] Bouquet, C., Morrison, A., Birkinshaw, J.. International Attention and Multinational Enterprise Performance [J]. Journal of International Business Studies, 2009 (40): 108 - 131.

[36] Bourgeois, L. J.. On the Measurement of Organizational Slack [J]. Academy of Management Review, 1981, 6 (1): 29 - 39.

[37] Bowman, C., Collier, N.. A Contingency Approach to Resource - creation Processes [J]. International Journal of Management Reviews, 2006, 8 (4): 191 - 211.

[38] Brush, C. G., Greene, P. G., Hart, M. M. and Haller, H. S.. From Initial Idea to Unique Advantage: The Entrepreneurial Challenge of Constructing a Resource Base [J]. Academy of Management Executive, 2001 (15): 64 - 78.

[39] Burgelman, R.. Intraorganizational Ecology of Strategy Making and Organizational Adaptation: Theory and Field Research [J]. Organization Science, 1991 (2): 239 - 262.

[40] Chang, K. C.. Formation and Consequences of Relational Embeddedness [D]. Doctoral Dissertation, The University of Chicago, 2002.

[41] Cheung, Lau. Testing Mediation and Suppression Effects of Latent Variables: Bootstrapping with Structural Equation Models [J]. Organizational Research Methods, 2008 (11): 296 - 325.

[42] Cho, Hambrick. Attention as the Mediator Between Top Management Team Characteristics and Strategic Change: The Case of Airline Deregulation [J]. Organization Science, 2006, 17 (4): 453 -469.

[43] Ciabuschi, F., Forsgren, M., Martín, O.. Headquarters Involvement and Efficiency of Innovation Development and Transfer in Multinationals: A Matter of Sheer Ignorance? [J]. International Business Review, 2012 (21): 130 -144.

[44] Ciabuschi, F., Forsgren, M., Martín, O.. Rationality vs Ignorance: The Role of MNE HQ in Subsidiaries' Innovation [J]. Journal of International Business Studies, 2011 (42): 958 -970.

[45] Collinson, S. C., Wang, R.. The Evolution of Innovation Capability in Multinational Enterprise Subsidiaries: Dual Network Embeddedness and the Divergence of Subsidiary Specialization in Chinese Taiwan [J]. Research Policy, 2012 (41): 1501 -1518.

[46] Collis, D., Montgomery C.. Competing on Resources [J]. Harvard Business Review, 1995, 73 (4): 118 -128.

[47] Cyert, R., March, J.. A Behavioral Theory of the Firm [M]. Englewood Cliffs: Prentice - Hall, 1963.

[48] Das, T. K., Teng, B.. A Resource - based Theory of Strategic Alliances [J]. Journal of Management, 2000, 26, (1): 31 -61.

[49] Davis, J. F., Cobb, J. A.. Resource Dependence Theory: Past and Future [J]. Research in the Sociology of Organizations, 2010, 28 (1): 21 -42.

[50] Dellestrand, H.. Subsidiary Embeddedness as a Determinant of Divisional Headquarters Involvement in Innovation Transfer Processes [J]. International Business Review, 2012, 21 (2): 180 -195.

[51] Dhanaraj, C., Alyles, M., Steensma, K. H.. Managing Tacit and Explicit Knowledge Transfer in IJVs: The Role of Relational Embeddedness and the Impact on Performane [J]. Joumal of Intemational Business Studies, 2004, 35 (5): 428 -442.

[52] Dyer, J., Nobeoka, K.. Creating and Managing a High Performance Knowledge Sharing Network: The Toyota Case [J]. Strategic Management Journal, 2000 (21): 345 -367.

[53] Dörrenbächer, C. , Geppert, M. . Subsidiary Staffing and Initiative – taking in Multinational Corporations — A Socio – political Perspective [J] . Personnel Review, 2010 (39): 600 – 621.

[54] Dörrenbächer, C. , Geppert, M. . A Micro – political Perspective on Subsidiary Initiative – taking: Evidence from German – owned Subsidiaries in France [J] . European Management Journal, 2009 (27): 100 – 112.

[55] Dörrenbächer, C. , Geppert, M. . Politics and Power in the Multinational Corporation: The Role of Institutions, Interests and Identities [M] . Cambridge University Press, 2011.

[56] Eckhardt, J. T. , Shane, S. A. . Opportunities and Entrepreneurship [J] . Journal of Management, 2003, 29 (3): 333 – 349.

[57] Eggers, J. P. and Kaplan, S. . Cognition & Capabilities: A Multi – Level Perspective [J/OL] . Academy of Management Annals, Available at SSRN: https: //ssrn. com/abstract = 2218390, 2013.

[58] Ferrier, W. . Navigating the Competitive Landscape: The Drivers and Consequences of Competitive Aggressiveness [J] . Academy of Management Journal, 2001 (44): 85 – 877.

[59] Figueiredo, P. N. . The Role of Dual Embeddedness in Innovative Performance of MNE Subsidiaries: Evidence from Brazil [J] . Journal of Management Studies, 2011, 48 (2): 417 – 440.

[60] Fornell, C. , Larcer, D. F. . Evaluating Structural Equation Models with Unobservable Variables and Measurement Error [J] . Journal of Marketing Research, 1981, 18 (1): 39 – 50.

[61] Forsgren, M. , Holm, U. , Johanson, J. . Division Headquarters Go Abroad: A Step in the Internationalization of the Multinational Corporation [J] . Journal of Management Studies, 1995, 32 (4): 475 – 491.

[62] Forsgren, M. , Holm, U. . MNC Headquarters' Role in Subsidiaries' Value – creating Activities: A Problem of Nationality or Radical Uncertainty [J] . Scandinavian Journal of Management, 2010 (26): 421 – 430.

[63] Frese, M. , Fay, D. . Personal Initiative: An Active Performance Concept

for Work in the 21st Century [J] . Research in Organizational Behavior, 2001 (23): 133 – 187.

[64] Garcia – Pont, C. , Canales, J. I. , Noboa, F. . Subsidiary Strategy: The Embeddedness Component [J] . Journal of Management Studies, 2009, 46 (2): 182 – 214.

[65] Geletkanycz, M. A. , Hambrick, D. C. . The External Ties of Top Executives: Implications for Strategic Choice and Performance [J] . Administrative Science Quarterly, 1997, 42 (4): 654 – 681.

[66] Ghoshal, S. , Korine, H. , Szulanski, G. . Interunit Communication in Multinational Corporations [J] . Management Science, 1994, 40 (1): 96 – 110.

[67] Ghoshal, S. , Bartlett. C. A. . The Multinational Corporation as an Interorganizational Network [J] . Academy of Management Review, 1990, 15 (4): 603 – 625.

[68] Gibson, C. B. , Birkinshaw, J. . The Antecedents, Consequences, and Mediating Role of Organizational Ambidexterity [J] . Academy of Management Journal, 2004, 47 (2): 209 – 226.

[69] Govindarajan, V. , Ramamurti, R. . Reverse Innovation, Emerging Markets, and Global Strategy [J] . Global Strategy Journal, 2011 (1): 191 – 205.

[70] Granovetter, M. . The Strength of Weak Ties [J] . American Journal of Sociology, 1973, 78 (6): 1360 – 1380.

[71] Granovetter, M. . Economic Action and Social Structure: The Problem of Embeddedness [J] . American Joumal of Sociology, 1985, 91 (3): 481 – 510.

[72] Granovetter, M. . The Impact of Social Structure on Economic Outcomes [J] . Joumal of Economic Perspectives, 2005, 19 (1): 33 – 50.

[73] Grant, R. . The Resource – Based Theory of Competitive Advantage: Implication for Strategy Formulation [J] . California Management Review , 1991: 114 – 135.

[74] Grant, R. . Toward a Knowledge – based Theory of the Firm [J] . Strategic management Journal, 1996, 17 (S2): 109 – 122.

[75] Gulati, R. , Nohria, N. , Zaheer, A. . Strategic Networks [J] . Strategic Management Journal, 2000 (21): 203 – 215.

[76] Gulati, R. Alliances and Networks [J] . Strategic Management Journal, 1998 (4): 293 -317.

[77] Guth, W. D. , Ginsberg, A.. Corporate Entrepreneurship: Introduction [J] . Strategic Management Journal, Summer Special Issue, 1990, 11 (1): 5 -15.

[78] Haas, M. R. , Hansen, M. T.. When Using Knowledge Can Hurt Performance: The Value of Organizational Capabilities in a Management Consulting Company [J] . Strategic Management Journal, 2005, 26 (1): 1 -24.

[79] Harzing, A.. An Empirical Analysis and Extension of the Bartlett and Ghoshal Typology of Multinational Companies [J] . Journal of International Business Studies, 2000, 31 (1): 101 -120.

[80] Hayton, J. C.. Competing in the New Economy: The Effect of Intellectual Capital on Corporate Entrepreneurship in High - technology New Venture [J] . R&D Management, 2005, 35 (2): 137 -155.

[81] Hite, J. M.. Evolutionary Processes and Paths of Relational Embedded Network Ties in Emerging Entrepreneurial Firms [J] . Entrepreneurship Theory & Practice, 2005, 29 (1): 113 -144.

[82] Huemer, L. , Boström, G - O. , Felzensztein, C. Control - trust Interplays and the Influence Paradox: A Comparative Study of MNC - subsidiary Relationships [J] . Industrial Marketing Management, 2009, 38 (5): 520 -528.

[83] Ireland, R. D. , Hitt, M. A. , Sirmon, D. G.. A Model of Strategic Entrepreneurship: The Construct and Its Dimensions [J] . Journal of Management, 2003, 29 (6): 963 -989.

[84] Jarillo, J. C. , Martinez, J. I.. Different Roles for Subsidiaries: The Case of Multinational Corporations in Spain [J] . Strategic Management Journal, 1990, 11 (7): 501 -512.

[85] Johan Wiklund, Dean Shepherd. Knowledge - based Resources, Entrepreneurial Orientation, and the Performance of Small and Medium - sized Businesses [J] . Strategic management Journal, 2003 (12): 1307 -1314.

[86] Kale, P. , Dyer, J. H. , Singh, H.. Alliance Capability, Stock Market Response, and Long - term Alliance Success: The Role of the Alliance Function [J] .

Strategic Management Journal, 2002 (23): 747 -767.

[87] Kale, R., Singh, H., Perlmutter, H.. Learning and Protection of Proprietary Assets in Strategic Alliances: Building Relational Capital [J]. Strategic Management Journal, 2000, 21 (3): 217 -237.

[88] Kanter, R. M.. The Middle Manager as Innovator [J]. Harvard Business Review, 1982 (60): 95 -105.

[89] Kelly Hewett, William O. Bearden. Dependence, Trust, and Relational Behavior on the Part of Foreign Subsidiary Marketing Operations: Implications for Managing Global Marketing Operations [J]. Journal of Marketing, 2001 (10): 51 -66.

[90] Kline, R. B.. Principles and Practice of Struetural Equation Modeling [M]. New York: The Guilford Press, 1998.

[91] Kostova, T., Roth, K.. Social Capital in Multinational Corporations and a Micro - Macro Model of Its Formation [J]. Academy of Management Review, 2003, 28 (2): 297 -317.

[92] Lin Nan. Social Networks and Status Attainment [J]. Annual Review of Sociology, 1999 (5): 467 -487.

[93] Lin, H. M.. Interorganizational Collaboration, Soial Embeddedness, and Value Creation: A Theoretical Analysis [J]. International Journal of Management, 2006, 23 (3): 548 -559.

[94] Low, M., MacMillan, J.. Entrepreneurship: Past Research and Future Challengers [J]. Journal of Management, 1988, 12 (14): 139 -161.

[95] MacKinnon, D. P.. Introduction to Statistical Mediation Analysis [M]. New York: Routledge, 2008.

[96] Mahnke, V., Venzin, M., Zahra, S. A.. Governing Entrepreneurial Opportunity Recognition in MNEs: Aligning Interests and Cognition Under Uncertainty [J]. Journal of Management Studies, 2007 (44): 1278 -1298.

[97] Manev, Stevenson. Boundary Spanning and Influence in the Organization's Extended Network of Communica - tion [J]. Journal of Business Communication, 2001 (2): 183 -205.

[98] Mayer, R. C., Davis, J. H., Schoorman, F. D.. An Integrative Model

of Organizational Trust [J]. Academy of Management Review, 1995, 20 (3): 709-734.

[99] McEvily, B., Perrone, V. and Zaheer, A.. Trust as an Organizing Principle [J]. Organization Science, 2003 (14): 91-103.

[100] McEvily, B., Marcus, A.. Embedded Ties and the Acquisition of Competitive Capabilities [J]. Strategic Management Journal, 2005 (11): 1033-1055.

[101] Monteiro, F, Birkinshaw, J.. The External Knowledge Sourcing Process in Multinational Corporations [J]. Strategic Management Journal, 2015 (12).

[102] Moore, K., Birkinshaw, J.. Managing Knowledge in Global Service Firms: Centers of Excellence [J]. Academy of Management Executive, 1998, 12 (4): 81-92.

[103] Morgan, M. R., Hunt, D. S.. The Commitment-trust Theory of Relationship Marketing [J]. Journal of Marketing, 1994, 58 (3): 20-38.

[104] Mudambi, R., Navarra, P.. Is Knowledge Power? Knowledge Flows, Subsidiary Power and Rent-seeking Within MNCs [J]. Journal of International Business Studies, 2004, 35 (5): 385-406.

[105] Nadkarni, S., Barr, P. S.. Environmental Context, Managerial Cognition, and Strategic Action: An Integrated View [J]. Strategic Management Journal, 2008 (29): 1395-1427.

[106] Nahapiet, J., Ghoshal, S.. Social Capital, Intellectual Capital, and the Organizational Advantage [J]. Academy of Management Review, 1998 (23): 242-266.

[107] Naman, J. L., Slevin, D. P.. Entrepreneurship and the Concept of Fit: A Model and Empirical Tests [J]. Strategic Management Journal, 1993, 4 (14): 137-153.

[108] Nell, P. C.. Andersson, U.. The Complexity of the Business Network Context and Its Effect on Subsidiary Relational (over-) Embeddedness [J]. International Business Review, 2012, 21 (6): 1087-1098.

[109] Nell, P. C., Ambos, B., Schlegelmilch, B. B.. The MNC as an Externally Embedded Organization: An Investigation of Embeddedness Overlap in Local Subsidiary Networks [J]. Journal of World Business, 2011, 46 (4): 497-505.

[110] Nooteboom, B., Hans Berger, Niels, G.. Noorderhaven. Effects of Trust and Govermance on Relational Risk [J]. Academy of Management Journal, 1997, 40 (2): 308 – 338.

[111] Nunnally, J. C.. Psychometric Theory [M]. NY: McGraw – Hill, 1978.

[112] Ocasio, W., Laamanen, T., Vaara, E.. Communication and Attention Dynamics: An Attention – based View of Strategic Change [J]. Strategic Management Journal, 2018 (1): 155 – 167.

[113] Ocasio, W.. Towards an Attention – based View of the Firm [J]. Strategic Manament Journal, 1997, 18 (51): 187 – 206.

[114] Ocasio, W.. Attention to Attention [J]. Organization Science, 2011, 22 (5): 1286 – 1296.

[115] O'Donnell, S. W.. Managing Foreign Subsidiaries: Agents of Headquarters, or an Interdependent Network? Strategic Management Journal, 2000, 21 (5): 525 – 548.

[116] Patel, P. C., Terjesen, S.. Complementary Effects of Network Range and Tie Strength in Enhancing Transnational Venture Performance [J]. Strategic Entrepreneurship Journal, 2011, 5 (1): 58 – 80.

[117] Paterson, S. L., Brock, D. M.. The Development of Subsidiary – management Research: Review and Theoretical Analysis [J]. International Business Review, 2002 (11): 139 – 163.

[118] Peteraff, M. A.. The Cornerstones of Competitive Advantage: A Resource – based View [J]. Strategic Management Journal, 1993, 14 (3): 179 – 192.

[119] Pfeffer, J., Salancik, G. R.. The External Control of Organizations: A Resource – Dependence Perspective [M]. New York: Harper & Row, 1978.

[120] Plourde, Y., Parker, S. C., Schaan, J.. Expatriation and Its Effect on Headquarters' Attention in the Multinational Enterprise [J]. Strategic Management Journal, 2014 (35): 938 – 947.

[121] Powell, T. C., Lovallo, D., Fox, C. R.. Behavioral Strategy [J]. Strategic Management Journal, 2011, 32 (13): 1369 – 1386.

[122] Prahalad, C., Doz, Y.. An Approach to Strategic Control in MNCs [J]. Sloan Management Review, 1981, 22 (4): 5-14.

[123] Rabbiosi, L., Santangelo, G. D.. Parent Company Benefits from Reverse Knowledge Transfer: The Role of the Liability of Newness in MNEs [J]. Journal of World Business, 2013 (48): 160-170.

[124] Reilly, M., Scott, P., Mangematin, V.. Alignment or Independence? Multinational Subsidiaries and Parent Relations [J]. Journal of Business Strategy, 2012 (33): 4-11.

[125] Rerup, C.. Attentional Triangulation: Learning from Unexpected Rare Crises [J]. Organization Science, 2009, 20 (5): 876-893.

[126] Rugman, A. M., Verbeke, A.. The Theory and Practice of Regional Strategy: A Response to Osegowitsch and Sammartino [J]. Journal of International Business Studies, 2008 (39): 326-332.

[127] Rugman, A. M., Verbeke, A.. Subsidiary-specific Advantages in Multinational Enterprises [J]. Strategic Management Journal, 2001, 22 (3): 237-250.

[128] Schumacker, R. E., Lomax, R. G.. A Beginner's Guide to Structural Equation Modeling [M]. Mahwah, NJ: Lawrence Erlbaum Associates, 1996.

[129] Schmid, S., Dzedek, L. D., Lehrer, M.. From Rocking the Boat to Wagging the Dog: A Literature Review of Subsidiary Initiative Research and Integrative Framework [J]. Journal of International Management, 2014 (20): 201-218.

[130] Schmid, S., Schurig. A.. The Development of Critical Capabilities in Foreign Subsidiaries: Disentangling the Role of the Subsidiary's Business Network [J]. International Business Review, 2003, 12 (6): 755-782.

[131] Shane, S., Venkataraman, S.. The Promise of Entrepreneurship as a Field of Research [J]. Academy of Management Review, 2000 (25): 217-226.

[132] Shook, L., Ketchen, J., Hult, M.. An Assessment of the Use of Structural Equation Modeling in Strategic Management Research [J]. Strategic Management Journal, 2004 (25): 397-404.

[133] Simsek, Z., Lubatkin, M. H., Floyd, S. W.. Inter-firm Networks and Entrepreneurial Behavior: A Structural Embeddedness Perspective [J]. Journal of

Management, 2003, 29 (3): 427 -442.

[134] Sirmon, D. G., Hitt, M. A. and Ireland, R. D.. Managing Firm Resources in Dynamic Environments to Create Value: Looking inside the Black Box [J]. Academy of Management Review, 2007 (32): 273 -292.

[135] Steensma, H K, Lyles, M A.. Explaining IJV Survival in a Transitional Economy Through Social Exchange and knowledge - based Perspectives [J]. Strategic Management Journal, 2000 (21): 831 -851.

[136] Steier, L., Greenwood, R.. Entrepreneurship and the Evolution of Angel Financial Networks [J]. Organization Studies, 2000, 21 (1): 163 -192.

[137] Stonham, P.. Leaders: Surviving the Telecoms Jungle [J]. Economist, 1998 (April): 13 -14.

[138] Strutzenberger, A., Ambos, T. C.. Unravelling the Subsidiary Initiative Process: A Multilevel Approach [J]. International Journal of Management Reviews, 2013, 16 (3): 314 -339.

[139] Taylor, A. B., MacKinnon, D. P., Tein, J. Y.. Tests of the Three - path Mediated Effect [J]. Organizational Research Methods, 2008, 11 (2): 241 - 269.

[140] Teece, J. D.. Dynamic Capabilities: Routines Versus Entrepreneurial Action [J]. Journal of Management Studies, 2012, 49 (8): 1395 -1401.

[141] Tsai, W., Ghoshal, S.. Social Capital and Value Creation: The Role of Intrafirm Networks [J]. Academy of Management Journal, 1998, 41 (4): 464 - 476.

[142] Uzzi, B.. Social Structure and Competition in Interfirm Networks: The Paradox of Embeddedness [J]. Administrative Science Quarterly, 1997, 42 (1): 35 -67.

[143] Uzzi, B.. The Sources and Consequences of Embeddedness for the Economic Performance of Organizations: The Network Effect [J]. American Sociological Review, 1996, 61 (4): 674 -698.

[144] Vahlne, J. E., Schweizer, G., Johanson, J.. Overcoming Liability of Outsidership - the Challenge of HQ of the Global Firm [J]. Journal of International

Management, 2012 (18): 224 -232.

[145] Verbeke, Yuan. The Drivers of Multinational Enterprise Subsidiary Entrepreneurship in China: A New Resource - based View Perspective. Journal of Management Studies, 2013, 50 (2): 236 -258.

[146] Vesper, K. H.. Entrepreneurship and National Policy [Z]. Chicago: Walter E. Heller International Corporation Institute for Small Business, 1989.

[147] Wernerfelt, B.. A Resource Based View of Firm [J]. Strategic Management Journal, 1984, 5 (1): 171 -180.

[148] White, R. E., Poynter, A.. Strategies for Foreign - owned Subsidiaries in Canada [J]. Business Quarterly, 1984, 48 (4): 59 -69.

[149] William Ocasio, John Joseph. An Attention - based Theory of Strategy Formulation: Linking Micro - and Macroperspectives in Strategy Processes [J]. Advances in Strategic Management, 2005 (22): 39 -61.

[150] Williams, C., Lee, S. H.. International Management, Political Arena and Dispersed Entrepreneurship in the MNC [J]. Journal of World Business, 2009 (44): 287 -299.

[151] Williams, C.. Political Heterarchy and Dispersed Entrepreneurship in the MNC. AIB, 2006, Annual Meeting: http://faculty.fuqua.duke.edu/ciber/Pdw.html.

[152] Williams, C.. Subsidiary - level Determinants of Global Initiatives in MNC [J]. Journal of International Management, 2009 (15): 92 -104.

[153] Yadav, M. S., Prabhu, C. J., Chandy, R. K.. Managing the Future: CEO Attention and Innovation Outcomes [J]. Jounal of Marketing, 2007, 71 (4): 84 -101.

[154] Yamin, M., Andersson, U.. Subsidiary Importance in the MNC: What Role Does Internal Embeddedness Play? [J]. International Business Review, 2011 (20): 151 -162.

[155] Yli - Renko, H., Autio, E., Sapienza, H. J.. Social Capital, Knowledge Acquisition, and Knowledge Exploitation in Young Technology - based Firms [J]. Strategic Management Journal, 2001 (22): 587 -613.

[156] Young, S., Dimitratos, P., Dana, L.. International Entrepreneurship Researeh: What Scope for Intemational Business Theories? [J]. Journal of International Entrepreneurship, 2003 (1): 31-42.

[157] Zahra, S.. The Changing Rules of Global Competitiveness in the 21st Century [J]. Academy of Management Executive, 1999, 13 (1): 36-42.

[158] Zahra, S. A., Neubaum, D. O., Huse, M.. Entrepreneurship in Medium-Size Companies: Exploring the Effects of Ownership and Governance Systems [J]. Journal of Management, 2000 (5): 947-976.

[159] Zahra, S. A.. Predictors and Financial Outcomes of Corporate Entrepreneurship: An Exploratort Study [J]. Journal of Business Venturing, 1991 (6): 259-285.

[160] Zucchella, A., Maccarini, M. E., Scabini, P.. Entrepreneurial Capabilities in MNE Subsidiaries: The Case of the Dialysis Industry [J]. International Journal of Entrepreneurship and Small Business, 2007 (4): 305-324.

[161] 宝贡敏. 现代企业战略管理 [M]. 郑州: 河南人民出版社, 2001.

[162] 本报评论员. 经济发展迈入新阶段 [N]. 人民日报, 2014-08-07 (01).

[163] 边燕杰, 丘海雄. 企业的社会资本及其功效 [J]. 中国社会科学, 2000 (2): 88-99.

[164] 蔡莉, 柳青. 新企业资源整合过程模型 [J]. 科学学与科学技术管理, 2007 (7): 95-102.

[165] 蔡莉, 尹苗苗. 新企业资源构建与动态能力相互影响研究 [J]. 吉林大学(社会科学学报), 2008, 48 (6): 139-144.

[166] 蔡莉, 朱秀梅, 刘预. 创业导向对新企业资源获取的影响研究 [J]. 科学学研究, 2011, 29 (4): 601-609.

[167] 陈福添. 跨国公司子公司定位研究——从科层范式到网络范式的演化 [J]. 中国工业经济, 2006 (1): 64-71.

[168] 陈守明, 唐滨琪. 高管认知与企业创新投入——管理自由度的调节作用 [J]. 科学学研究, 2012 (11): 1723-1734.

[169] 陈晓萍, 徐淑英, 樊景立. 组织与管理研究的实证方法(第二版)

[M]. 北京：北京大学出版社，2012.

[170] 陈志军，薛光红. 股权结构与企业集团多元化战略关系研究. 财贸研究，2010 (5)：126–131.

[171] 陈志军. 集团公司管理 [M]. 北京：中国人民大学出版社，2014.

[172] 陈志军. 母子公司管控模式选择 [J]. 经济管理，2007 (3)：34–40.

[173] 陈志军. 母子公司管理控制研究 [M]. 北京：经济科学出版社，2006.

[174] 丛聪，徐枞巍. 跨国公司母子公司关系研究——基于知识的视角 [J]. 科研管理，2010，31 (5)：172–177.

[175] 崔浩，武常岐. 跨国公司海外子公司的发展和演化——基于海外子公司特有竞争优势的综述 [J]. 山东大学学报（哲学社会科学版），2009 (4)：83–88.

[176] 戴维奇，魏江，林巧. 公司创业活动影响因素研究前沿探析与未来热点展望 [J]. 外国经济与管理，2009，31 (6)：10–17.

[177] 戴维奇. 网络嵌入、公司创业与绩效；对集群背景下企业创业行为的一个解释 [D]. 杭州：浙江大学博士学位论文，2010.

[178] 戴维奇. 组织冗余、公司创业与成长：解析不同冗余的异质影响 [J]. 科学学与科学技术管理，2012，33 (6)：156–164.

[179] 董保宝，葛宝山，王侃. 资源整合过程、动态能力与竞争优势：机理与路径 [J]. 管理世界，2011 (3)：92–101.

[180] 杜海东，张锦. 公司创业精神对创业绩效的影响路径——基于珠三角公司的实证研究 [J]. 科研管理，2013，34 (3)：50–57.

[181] 杜健，姜雁斌，郑素丽，章威. 网络嵌入性视角下基于知识的动态能力构建机制 [J]. 管理工程学报，2011，25 (4)：145–151.

[182] 方杰，温忠麟，张敏强，孙配贞. 基于结构方程模型的多重中介效应分析 [J]. 心理科学，2014，37 (3)：735–741.

[183] 方杰，张敏强. 参数和非参数 Bootstrap 方法的简单中介效应分析比较 [J]. 心理科学，2013，36 (3)：722–727.

[184] 方琳，王迎军. 跨国公司海外子公司研究综述及最新进展 [J]. 国

际经贸探索，2009（5）：26－30.

［185］葛京．跨国企业海外子公司的地位与作用及其演进［J］．管理评论，2007（5）：57－62.

［186］耿新，张体勤．企业家社会资本对组织动态能力的影响——以组织宽裕为调节变量［J］．管理世界，2010（6）：109－121.

［187］郭毅，胡美琴，王晶鸾，刘亦飞等．组织与战略管理中的新制度主义视野［M］．上海：格致出版社，2009.

［188］郭毅，罗家德．社会资本与管理学［M］．上海：华东理工大学出版社，2007.

［189］黄海昕．主导行为、网络嵌入与子公司成长研究［D］．天津：南开大学博士学位论文，2013.

［190］黄中伟，王宇露．位置嵌入、社会资本与海外子公司的东道国网络学习——基于123家跨国公司在华子公司的实证［J］．中国工业经济，2008（12）：144－154.

［191］姜翰，金占明．企业间关系强度对关系价值机制影响的实证研究：基于企业间相互依赖性视角［J］．管理世界，2008（12）：115－125.

［192］蒋春燕，赵曙明．社会资本和公司企业家精神与绩效的关系：组织学习的中介作用［J］．管理世界，2006（10）：90－99.

［193］李东升等．我国大型国有企业混合所有制改造中的利益机制重构及其有效治理模式研究［M］．北京：经济科学出版社，2020.

［194］李京勋，李龙振．跨国公司母公司知识和海外子公司绩效——吸收能力、信任和沟通频率的调节作用［J］．国际经贸探索，2011（7）：75－80.

［195］李京勋，朴永烈，崔淳奎．母公司向海外子公司知识转移的决定因素［J］．经济管理，2012，34（5）：67－76.

［196］李京勋，鱼文英，石庆华．管理者关系特性对海外子公司知识获取及公司绩效的影响研究［J］．管理学报，2012，9（1）：115－123.

［197］李京勋，郑晗．跨国公司海外子公司成长过程研究［J］．延边大学学报（社会科学版），2012，3（6）：111－119.

［198］李崴．母公司控制下的企业集团子公司网络效应研究［D］．哈尔滨：哈尔滨工业大学博士学位，2008.

［199］李元旭，王宇露．东道国网络结构、位置嵌入与海外子公司网络学习——基于123家跨国公司在华子公司的实证［J］．世界经济研究，2010（1）：63－67，75.

［200］林嵩．国内外嵌入性研究述评［J］．技术经济，2013（5）：48－53.

［201］刘丹．中国民营企业家创新生态系统的成熟度评价研究［M］．北京：经济科学出版社，2017.

［202］刘景江，王文星．管理者注意力研究：一个最新综述［J］．浙江大学学报（人文社会科学版），2014，44（2）：78－87.

［203］刘群慧，李丽．关系嵌入性、机会主义行为与合作创新意愿——对广东省中小企业样本的实证研究［J］．科学学与科学技术管理，2013（7）：83－94.

［204］刘汝翠，金洁．公司创业的形成机制研究［J］．科技创业月刊，2007（4）：54－55.

［205］刘晓娜．国际合资企业与外方母公司的关系嵌入对其绩效的影响研究［D］．上海：复旦大学博士学位论文，2010.

［206］刘预．创业导向对新创企业资源获取的影响［D］．长春：吉林大学博士学位论文，2009.

［207］柳士顺，凌文辁．多重中介模型及其应用［J］．心理科学，2009（32）：433－435.

［208］卢纹岱．SPSS for Windows 统计分析［M］．北京：电子工业出版社，2006.

［209］罗辉道，项保华．资源概念与分类研究［J］．科研管理，2005，26（4）：99－104.

［210］罗宣．我国母子公司构架下的子公司网络化成长机制研究［D］．杭州：浙江大学博士学位论文，2007.

［211］罗友花，李明生．资源概念与分类研究——兼与罗辉道、项保华先生商榷［J］．科研管理，2010，31（1）：26－32.

［212］马鸿佳，葛宝山，汤浩瀚．科技型创业企业资源获取与动态能力关系的实证研究［J］．科学学与科学技术管理，2008（11）：139－143.

［213］［美］马克·J. 多林格．创业学：战略与资源（第3版）［M］．王任飞译．北京：中国人民大学出版社，2003.

［214］［美］马克·格兰诺维特．镶嵌：社会网与经济行动（增订版）［M］．罗家德译．北京：社会科学文献出版社，2015.

［215］［美］马克·桑德斯，菲利普·刘易斯，阿德里安·桑希尔．经管研究方法（为学生量身定制）［M］．余宇莹，张宜霞译．大连：东北财经大学出版社，2011.

［216］马庆国．管理统计：数据获取、统计原理与 SPSS 工具与应用研究［M］．北京：科学出版社，2002.

［217］［英］马汀·奇达夫，蔡文彬．社会网络与组织［M］．王凤彬，朱超威等译．北京：中国人民大学出版社，2007.

［218］孟庆红，戴晓天，李仕明．价值网络的价值创造、锁定效应及其关系研究综述［J］．管理评论，2011，23（12）：139－147.

［219］闵成基，杨震宁，王以华．权力依附关系和关系嵌入对知识流入的影响——以跨国公司在华子公司为例［J］．科学学研究，2010（3）：412－419，435.

［220］蒲明，毕克新．内部嵌入性与跨国子公司成长能力关系的实证研究［J］．中国软科学，2013（8）：136－143.

［221］［美］乔舒亚·安格李斯特，约恩－斯特芬·皮施克．基本无害的计量经济学［M］．郎金焕，李井奎译．上海：格致出版社·上海三联书店·上海人民出版社，2012.

［222］秦剑，张玉利．社会资本对创业企业资源获取的影响效应研究［J］．当代经济科学，2013（2）：96－106，127－128.

［223］荣泰生．AMOS 与研究方法［M］．重庆：重庆大学出版社，2009.

［224］荣泰生．企业研究方法［M］．北京：中国税务出版社，2005.

［225］尚航标，黄培伦．管理认知与动态环境下企业竞争优势：万和集团案例研究［J］．南开管理评论，2010，13（3）：70－79.

［226］汪丁丁．“注意力”的经济学描述［J］．经济研究，2000（10）：67－72.

［227］汪建康．基于子公司主导行为的企业集团母子公司治理研究［D］．哈尔滨：哈尔滨工程大学博士学位论文，2007.

［228］王凤彬，李奇会．组织背景下的嵌入性研究［J］．经济理论与经济

管理，2007（3）：28－33.

［229］王宁，陈志军．文化控制——管理控制手段的新发展［J］．山东社会科学，2007（11）：116－118.

［230］王世权，王丹，武立东．母子公司关系网络影响子公司创业的内在机理——基于海信集团的案例研究［J］．管理世界，2012（6）：133－146，162，188.

［231］王宗胜，李腊生．注意力配置的经济学分析［J］．中国工业经济，2007（9）：96－102.

［232］魏江，戴维奇，林巧．公司创业研究领域两个关键构念——创业导向与公司创业——的比较［J］．外国经济与管理，2009，31（1）：24－31.

［233］温忠麟，刘红云，侯杰泰．调节效应和中介效应分析［M］．北京：教育科学出版社，2013.

［234］吴建祖，毕玉胜．高管团队注意力配置与企业国际化战略选择——华为公司案例研究［J］．管理学报，2013，10（9）：1268－1274.

［235］吴建祖，关斌．高管团队注意力与企业对外直接投资方式——基于中国制造业上市公司的实证研究［J］．软科学，2013，27（11）：76－80.

［236］吴建祖，王欣然，曾宪聚．国外注意力基础观研究现状探析与未来展望［J］．外国经济与管理，2009，31（6）：58－67.

［237］吴建祖，曾宪聚．关注注意力：定义、元理论和经验证据［J］．管理学家（学术版），2011（11）：76－80.

［238］吴建祖，赵迎．高层管理团队注意力对企业多元化战略选择的影响——基于中国上市公司的实证研究［J］．经济与管理研究，2012（9）：66，107－113.

［239］吴明隆．SPSS 统计应用实务——问卷分析与应用统计［M］．北京：科学出版社，2003.

［240］吴明隆．结构方程模型——AMOS 的操作与应用［M］．重庆：重庆大学出版社，2014.

［241］武立东，黄海昕．企业集团子公司主导行为及其网络嵌入研究：以海信集团为例［J］．南开管理评论，2010，13（6）：125－137.

［242］武立东．母子公司关系网络治理中影响子公司自主决策的因素分析

[J]．现代财经，2007（10）：36－39.

［243］项保华．企业资源与能力辨析［J］．企业管理，2003（2）：79.

［244］徐金发，张慧．跨国公司子公司研究的演进和未来的发展方向［J］．国际贸易问题，2005（276）：110－115.

［245］徐梅鑫，刘祯．母子公司控制与子公司自主行为关系研究［J］．科技管理研究，2012（23）：24－243，249.

［246］徐鹏，陈欣，白贵玉．中国企业集团管理研究现状之评价［J］．科技管理研究，2014（16）：233－237.

［247］徐鹏，徐向艺．子公司动态竞争能力维度建构与培育机制———基于集团内部资本配置的视角［J］．中国工业经济，2013（5）：109－121.

［248］徐向龙，毛蕴诗．我国中央企业的成长特征与战略重组研究［J］．产经评论，2010（3）：60－68.

［249］许晖，郭净．中国国际化企业能力－战略匹配关系研究：管理者国际注意力的调节作用［J］．南开管理评论，2013，16（4）：133－144.

［250］薛红志，张玉利．公司创业研究评述——国外创业研究新进展［J］．外国经济与管理，2003，25（11）：7－11.

［251］薛求知，侯仕军．海外子公司地位研究：从总部视角到子公司视角［J］．南开管理评论，2005，8（4）：60－66.

［252］薛求知，李亚新．中国企业海外子公司竞争优势的形成研究［J］．理论界，2007（6）：65－66.

［253］尹苗苗．创业导向、投机导向对资源获取的影响研究：组织学习的中介作用［D］．长春：吉林大学博士学位论文，2012.

［254］曾萍，宋铁波．政治关系真的抑制了企业创新吗？——基于组织学习与动态能力视角［J］．科学学研究，2011，29（8）：1231－1240.

［255］曾志弘．多国籍企业子公司自主权与主导行为影响因素研究［D］．台北：中山大学博士学位论文，2001.

［256］张昊，王世权，辛冲．国有企业 CEO 注意力对产品创新影响的研究［J］．管理学报，2014，11（12）：1798－1805.

［257］张慧．关系嵌入对跨国子公司创业导向的影响机制研究［D］．杭州：浙江大学博士学位论文，2007.

［258］张慧．跨国公司行为理论阐释的新进展［J］．世界经济研究，2006（150）：9－14.

［259］张君立，蔡莉，朱秀梅．社会网络、资源获取与新创企业绩效关系研究［J］．工业技术经济，2008，27（5）：87－90.

［260］张晓燕．跨国公司子公司自主性活动研究——从有限理性角度的分析［J］．管理评论，2012，24（1）：26－31，66.

［261］张映红．公司创业理论的演化背景及其理论综述［J］．经济管理·新管理，2006（14）：4－10.

［262］张玉利，曲阳，云乐鑫．基于中国情境的管理学研究与创业研究主题总结［J］．外国经济与管理，2014，36（1）：65－73.

［263］张玉利，杨俊，戴燕丽．中国情境下的创业研究现状探析与未来研究建议［J］．外国经济与管理，2012，34（1）：1－10.

［264］张玉利，杨俊，任兵．社会资本、先前经验与创业机会—— 一个交互效应模型及其启示［J］．管理世界，2008（7）：91－102.

［265］赵亚普，张文红，陈斯蕾．动态环境下组织冗余对企业探索的影响研究［J］．科研管理，2014，35（2）：10－16.

［266］赵延东，罗家德．如何测量社会资本：一个经验研究综述［J］．国外社会科学，2005（2）：18－24.

［267］郑小勇，魏江．Business Group、企业集团和关联企业概念辨析及研究范畴、主题、方法比较［J］．外国经济与管理，2011，33（10）：17－25，51.

［268］朱顺林．基于网络嵌入的子公司演化成长机制研究［D］．杭州：浙江大学博士学位论文，2012.

［269］朱秀梅，陈琛，蔡莉．网络能力，资源获取与新企业绩效关系实证研究［J］．管理科学学报，2010，13（4）：44－56.

［270］朱秀梅，费宇鹏．关系特征、资源获取与初创企业绩效关系实证研究［J］．南开管理评论，2010（3）：125－135.

［271］朱秀梅，李明芳．创业网络特征对资源获取的动态影响——基于中国转型经济的数据［J］．管理世界，2011（6）：105－115，188.

附　录

母子公司关系嵌入性、
资源获取与子公司创业行为关系调查（预）

尊敬的先生/女士：

您好！非常感谢您愿意花费宝贵的时间来填写这份问卷。本次调查的主要目的是了解母子公司关系嵌入性、子公司自主创业与子公司从母公司处获取资源的情况，须由**子公司管理人员填写**。自主创业指的是由子公司发起的创新创业行为，而非母公司指派。问卷用于学术研究，不涉及任何商业目的和用途，同时为您提供信息保密。如果您对本研究感兴趣，我们将会把最终的调查研究的结果以邮件的方式发给您，与您共享！您的 Email：____________。

在问卷填写过程中如有疑问，请联系：王宁

Email：wn114@126. com

特别提醒：为了不浪费您的宝贵时间，请您务必确认贵公司为“子公司”或者其他拥有上级的“分支机构”，如分公司、办事处等。

麻烦您将选项“标红”或打“√”，感谢您的配合！

第一部分：企业基本情况

1. 贵公司名称（自愿填写）：____________

2. 贵公司成立年限：

①少于 3 年　②3 ~ 5 年

③5 ~ 10 年　④10 年以上

3. 贵公司员工人数：

①50 人及以下　②50 ~ 100 人

③101 ~ 300 人　④301 ~ 500 人

⑤500 人以上

4. 贵公司与母公司（上级部门）的地理距离：

①同一城市　②同一省份

③同一地区（如同处华北）　④同一国家

⑤跨国

5. 母公司的持股比例（分支机构的持股比例按 100% 计算）：

①全资（持股 100%）　②绝对控股（持股大于 50%）

③相对控股　④参股

6. 贵公司的企业性质：

①国有独资　②国有控股

③民营企业　④中外合资

⑤外商独资

7. 贵公司的负责人曾经在母公司任职的情况：

①未曾在母公司任职　②少于 5 年

③5 ~ 10 年　④10 年以上

8. 您在公司中的职务等级：

①总经理（CEO）或董事长　②高层管理人员　③中层管理人员

④基层管理人员　⑤职员

9. 您在本公司的工作年限：

①少于 2 年　　②2 ~ 5 年

③5 ~ 10 年　　④10 年以上

在下面的题目中，您认为描述中的情况与贵公司一致程度越高，则选择的数字越大。“完全符合”选择“5”，“基本符合”选择“4”，“部分符合”选择“3”，“基本不符合”选择“2”，“完全不符合”选择“1”。

第二部分：母子公司关系网络特征评价

编号	请您根据企业的实际情况进行评价。 您在选择时，请在认同处打“√”或标红即可	完全不符合	基本不符合	部分符合	基本符合	完全符合
SC1	贵公司管理者经常出差到总部或通过电话、邮件等形式进行正式沟通	1	2	3	4	5
SC2	贵公司的主要负责人与母公司管理者的非正式沟通频繁	1	2	3	4	5
SC3	贵公司的主要负责人与母公司的管理者私人关系良好	1	2	3	4	5
SC4	贵公司的重大决策均由母子公司充分沟通后制定	1	2	3	4	5
ST1	贵公司负责人的工作能力被母公司认可	1	2	3	4	5
ST2	在资源分配、利益分享等方面，母公司会信守其对贵公司的承诺	1	2	3	4	5
ST3	对共同关心的业务目标平等讨论，不会提出损害对方利益的要求	1	2	3	4	5
ST4	贵公司没有从母公司得到不公平待遇	1	2	3	4	5
ST5	母公司重视贵公司是否按照母公司设定的规则办事	1	2	3	4	5
SS1	贵公司与母公司有一致的价值观念	1	2	3	4	5
SS2	贵公司自觉地把母公司的组织目标作为自己的主要目标	1	2	3	4	5
SS3	贵公司会与母公司相互分享管理方法与经验	1	2	3	4	5

第三部分：子公司资源获取情况评价

编号	请您根据企业的实际情况进行评价。您在选择时，请在认同处打“√”或标红即可。资源包括人力、物质（资金、设备等）、技术、信息、品牌、市场等常规资源	完全不符合	基本不符合	部分符合	基本符合	完全符合
KA1	与其他子公司相比，贵公司从母公司处获得更多的物质资源	1	2	3	4	5
KA2	与其他子公司相比，贵公司从母公司处获得更多的人力资源	1	2	3	4	5
KA3	与其他子公司相比，贵公司从母公司处获得更多的技术与信息资源	1	2	3	4	5
KA4	与其他子公司相比，贵公司从母公司处获得更多的市场资源	1	2	3	4	5
KA5	母公司能够在贵公司需要时及时提供资源支持	1	2	3	4	5
HA1	如果贵公司在某一方面有突出表现，母公司会在集团范围内推广贵公司的经验	1	2	3	4	5
HA2	与其他子公司相比，母公司愿意更多地了解贵公司的产品与市场	1	2	3	4	5
HA3	与其他子公司相比，贵公司在集团文件、报告或会议中被提及的频率很高	1	2	3	4	5
HA4	与其他子公司相比，母公司主管到访贵公司的频率很高	1	2	3	4	5
HA5	与其他子公司相比，贵公司被母公司约谈的频率很高	1	2	3	4	5

第四部分：子公司创业行为评价

编号	请您根据企业的实际情况进行评价。您在选择时，请在认同处打“√”或标红即可	完全不符合	基本不符合	部分符合	基本符合	完全符合
SI1	贵公司会主动积极地向母公司建议或提案	1	2	3	4	5
SI2	贵公司会主动积极地改进现有技术、产品与服务	1	2	3	4	5

续表

编号	请您根据企业的实际情况进行评价。 您在选择时，请在认同处打"√"或标红即可	完全不符合	基本不符合	部分符合	基本符合	完全符合
SI3	贵公司会主动拓展现有产品及服务的市场范围	1	2	3	4	5
SI4	贵公司会主动发现或创造新资源、新技术与新知识	1	2	3	4	5
SI5	贵公司会主动把握市场机会，推出新产品（服务）	1	2	3	4	5
SI6	贵公司会主动开拓新的业务领域	1	2	3	4	5

问卷到此结束，再次感谢您协助我们完成这次调查！

母子公司关系嵌入性、资源获取与子公司创业行为关系调查（正式）

尊敬的先生/女士：

您好！非常感谢您愿意花费宝贵的时间来填写这份问卷。本次调查的主要目的是了解母子公司关系嵌入性、子公司自主创业与子公司从母公司处获取资源的情况，须由**子公司管理人员填写**。自主创业指的是由子公司发起的创新创业行为，而非母公司指派。问卷用于学术研究，不涉及任何商业目的和用途，同时为您提供信息保密。如果您对本研究感兴趣，我们将会把最终的调查研究的结果以邮件的方式发给您，与您共享！您的 Email：________。

在问卷填写过程中如有疑问，请联系：王宁

Email：wn114@126. com

特别提醒：为了不浪费您的宝贵时间，请您务必确认贵公司为“子公司”或者其他拥有上级的“分支机构”，如分公司、办事处等。

麻烦您将选项“标红”或打“√”，感谢您的配合！

第一部分：企业基本情况

1. 贵公司名称（自愿填写）：________

2. 贵公司成立年限：

①少于 3 年　　②3 ~5 年

③5 ~10 年　　④10 年以上

3. 贵公司员工人数：

①50 人及以下　　②51～100 人

③101～300 人　　④301～500 人

⑤500 人以上

4. 贵公司与母公司（上级部门）的地理距离：

①同一城市　　②同一省份

③同一地区（如同处华北）　　④同一国家

⑤跨国

5. 母公司的持股比例（分支机构的持股比例按 100% 计算）：

①全资（持股 100%）　　②绝对控股（持股大于 50%）

③相对控股　　④参股

6. 贵公司的企业性质：

①国有独资　　②国有控股

③民营企业　　④中外合资

⑤外商独资

7. 贵公司的负责人曾经在母公司任职的情况：

①未曾在母公司任职　　②少于 5 年

③5～10 年　　④10 年以上

8. 您在公司中的职务等级：

①总经理（CEO）或董事长　　②高层管理人员　　③中层管理人员

④基层管理人员　　⑤职员

9. 您在本公司的工作年限：

①少于 2 年　　②2～5 年

③5～10 年　　④10 年以上

在下面的题目中，您认为描述中的情况与贵公司一致程度越高，则选择的数字越大。“完全符合”选择“5”，“基本符合”选择“4”，“部分符合”选择“3”，“基本不符合”选择“2”，“完全不符合”选择“1”。

第二部分：母子公司关系网络特征评价

编号	请您根据企业的实际情况进行评价。 您在选择时，请在认同处打“√”或标红即可	完全不符合	基本不符合	部分符合	基本符合	完全符合
SC1	贵公司管理者经常出差到总部或通过电话、邮件等形式进行正式沟通	1	2	3	4	5
SC2	贵公司主要负责人与母公司管理者的非正式沟通频繁	1	2	3	4	5
SC3	贵公司的主要负责人与母公司的管理者私人关系良好	1	2	3	4	5
ST1	贵公司负责人的工作能力被母公司认可	1	2	3	4	5
ST2	在资源分配、利益分享等方面，母公司会信守其对贵公司的承诺	1	2	3	4	5
ST3	对共同关心的业务日标平等讨论，不会提出损害对方利益的要求	1	2	3	4	5
ST4	贵公司没有从母公司得到不公平待遇	1	2	3	4	5
SS1	贵公司与母公司有一致的价值观念	1	2	3	4	5
SS2	贵公司自觉地把母公司组织目标作为自己的主要目标	1	2	3	4	5
SS3	贵公司愿意积极地完成母公司分配的任务	1	2	3	4	5

第三部分：子公司资源获取情况评价

编号	请您根据企业的实际情况进行评价。 您在选择时，请在认同处打“√”或标红即可	完全不符合	基本不符合	部分符合	基本符合	完全符合
KA1	与其他子公司相比，贵公司从母公司处获得更多的物质资源	1	2	3	4	5
KA2	与其他子公司相比，贵公司从母公司处获得更多的人力资源	1	2	3	4	5
KA3	与其他子公司相比，贵公司从母公司处获得更多的技术与信息资源	1	2	3	4	5

续表

编号	请您根据企业的实际情况进行评价。 您在选择时，请在认同处打“√”或标红即可	完全不符合	基本不符合	部分符合	基本符合	完全符合
KA4	与其他子公司相比，贵公司从母公司处获得更多的市场资源	1	2	3	4	5
KA5	母公司能够在贵公司需要时及时提供资源支持	1	2	3	4	5
HA1	如果贵公司在某一方面有突出表现，母公司会在集团范围内推广贵公司的经验	1	2	3	4	5
HA2	与其他子公司相比，母公司愿意更多地了解贵公司的产品与市场	1	2	3	4	5
HA3	与其他子公司相比，贵公司在集团文件、报告或会议中被提及的频率很高	1	2	3	4	5
HA4	与其他子公司相比，母公司主管到访贵公司的频率很高	1	2	3	4	5
HA5	与其他子公司相比，贵公司被母公司约谈的频率很高	1	2	3	4	5

第四部分：子公司创业行为评价

编号	请您根据企业的实际情况进行评价。 您在选择时，请在认同处打“√”或标红即可	完全不符合	基本不符合	部分符合	基本符合	完全符合
SI1	贵公司会主动积极地向母公司建议或提案	1	2	3	4	5
SI2	贵公司会主动积极地改进现有技术、产品与服务	1	2	3	4	5
SI3	贵公司会主动拓展现有产品及服务的市场范围	1	2	3	4	5
SI4	贵公司会主动发现或创造新资源、新技术与新知识	1	2	3	4	5
SI5	贵公司会主动把握市场机会，推出新产品（服务）	1	2	3	4	5
SI6	贵公司会主动开拓新的业务领域	1	2	3	4	5

问卷到此结束，再次感谢您协助我们完成这次调查！

后　记

本书是我主持的教育部人文社会科学研究青年项目“进退两难？子公司主导行为对其自主权的影响（17YJC630158）”的结题成果，是在博士论文的基础上修改完成的。

教育部课题从申报到最终完成，首先要感谢我的工作单位——山东工商学院。感谢学校为老师们营造的良好氛围，让我们舒心、安心地从事科研工作。同时，感谢山东工商学院众多领导与专家的帮助。感谢李东升教授、范辉教授、毛荐其教授、牟俊山研究员等多年来对我的学业、事业及生活的关心与支持，感谢杜恒波、高毅蓉、刘丹、徐勇、崔向红、李伟等同事胜似兄弟姐妹般的友爱与鼓励。

感谢我的硕士导师及博士导师——山东大学国际创新转化学院院长陈志军教授。认识陈老师是在2003年的初夏，那时候的我是山东大学管理学院的一名大四学生。我带着我的本科论文接受了陈老师的面试，并有幸在这一年的秋天成为了陈老师指导的硕士研究生。从此，我不仅拥有了一位学业上的好导师，还收获了一份胜似亲情的师生情谊。无论是求学还是工作，我的每一点进步都得益于陈老师的悉心指导。感谢山东大学管理学院的杨蕙馨教授、徐向艺教授、唐贵瑶教授、蔡地教授等在我求学过程中提供的帮助。感谢山东财经大学的刘素教授和徐鹏副教授，他们在课题申报、论证等环节为我提出了许多有价值的建议。

课题的顺利完成离不开家人的支持。感谢我的爱人弭军先生。他是一个不善言辞的人，但却把对我的关爱和支持默默地表现在行动中，感谢他的包容与宠溺。感谢我的儿子弭添胤。为了让我安心读博，儿子三岁时被送到姥姥家生活，四岁半才回到我的身边。现在儿子长大了，懂事了，还会鼓励我说：“我们一起加油，我好好写作业，你好好写论文！”感谢孩子的理解，也激励我要让自己做得更好，让孩子为妈妈点赞。感谢我的姐姐承担了照顾父母的重任，为我减轻了后顾之忧。感谢我的小外甥女，她总说要以我为榜样，这让我不敢大意，格外努力。感谢我的父母！为了让我安心学习，他们任劳任怨，义无反顾地承担起了帮我照顾孩子、照顾家的任务，希望他们身体健康，安享晚年。

本书的写作引用了大量国内外文献，在此向原作者们致谢。在问卷收集过程中，得到了很多同学、朋友的帮助以及多家企业的支持与配合，在此一并致谢。

衷心感谢经济管理出版社的梁植睿编辑对本书的出版给予的积极支持与精心编审。

王　宁

2020 年 5 月